お金をかけずにお金を稼ぐ

岩波貴士
Takashi Iwanami

【儲け】のアイデア発想術

マネから始める45の作戦と300の視点

ぱる出版

まえがき――本書は次の人のために書きました。

□稼ぎ方の「要点」とその「応用例」を大量に知りたい人
□お金をかけずにお金を稼ぐ方法を効率的に学びたい人
□「一人で稼げるアイデア」や「中小企業で使えるアイデア」をお探しの人
□生活の中で〝ビジネスチャンス〟を感じ取れる脳を手に入れたい人
□アイデアの出し方をすべてビジネスとからめて学習したい人

もし「あなた」が、このチェック項目の1つ以上に該当する人であるなら、次のページにある、本書の目次に進むだけの価値があります。本書は1つのビジネス戦略について、複数の応用例を脳に入力させる手法により、「あなたの思考の幅」を広げ「あなた自身のアイデア」を引き出させることを目的に書かれた本です。つまり本書は、ビジネスノウハウの習得と同時に、発想力の向上をもはかることのできる「一石二鳥の本」なのです。

２０１２年４月吉日　「日本アイデア作家協会」代表 岩波貴士

お金をかけずにお金を稼ぐ【儲け】のアイデア発想術

第1章　ビジネス法則・王道ネタから考えよう
―忘れてはいけないこの視点―

第2章　この発想に便乗しよう
―マネから始める便乗発想―

第③章　ビジネスの名言から発想しよう
――利益を生み出す「気づき」の世界――

第4章 「大きな知恵」を「身近な知恵」へ加工しよう！
―ニュース記事から応用する方法―

第5章 応用自在！ビジネスアイデア発想法
「メガサンプル発想法」「チェックリスト発想法」

第 1 章

ビジネス法則・王道ネタから考えよう

― 忘れてはいけないこの視点 ―

「お金のないことが問題ではない、アイデアのないことが問題なのだ」

ロバート・H・シュラー

1 安く仕入れて、高く売る

商売の基本は「安く仕入れて、高く売る」なのですが、市場が豊富に存在する商品においては、高く売っては消費者から選ばれるお店や企業にはなりません。そのため、販売店の勝敗の差は「いかに安く仕入れられるか」にかかってくるのです。

発想の要点

安く販売して利益を出すには、より安く仕入れる必要がある

★ヒント！　具体例には次のようなものがあります

①仕入先は複数存在させることが重要です。競い合わせ、安い方から仕入れる形にするわけです。ビジネスにおいてライバルを考える場合、同業他社のことを連想してしまうものですが、実はこの「仕入先にライバル関係をもたせる視点」も同等に重要なのです。仕入れにおいても競争原理を働かせましょう。

②また、仕入先を複数存在させるのは、どちらかの仕入れ先が倒産するなど、不測の事態が生じた場合に備える意味もあるのです。アメリカで狂牛病が発生した際、アメリカ産の牛肉にこだわっていた吉野家は、とても苦労することになりました。

③私が携わっていた現金問屋の業界は、資金繰りで困っている経営者などから、その会社が抱えている商品を「目の前の現金の魅力」によって、悪く言えば「安く買いたたくビジネス」です。よって、売りのノウハウ以上に「買い」のノウハウにより成り立っている業界だと言えます。

④世の中で「タダ同然のもの」や「廃棄されているもの」「使い道が発見されていないもの」に対し、加工法や用途を発見し、ビジネスにできないかと考える視点は大切です。海水から無尽蔵に取れる「にがり」がブームになりましたが、小さな容器に入れたものが、なぜか４００円もしています。

⑤料亭などで和食に添えるための「木の葉」を専門に卸すことで大成功を収めている「葉っぱビジネス」では、山村の老人が葉っぱ集めに大活躍をしています。建材業

者が砂利採取法の認可を得て、河川の砂利を商品にする発想も類似の考え方です。

☆**【推薦書籍】『そうだ、葉っぱを売ろう！』横石知二 著**

⑦川やダムの河口に流れ着く「流木」を拾い集め、多少の加工を加えて販売する「流木ビジネス」は、和室の置物としての用途や、観賞魚とともに水槽に入れるオブジェとしての用途として、ネットオークションでは高値で取引されています。

⑧「商売は粉もの屋に学べ！」とは、勝間和代氏の本のサブタイトルですが、これは、飲食店なら、小麦粉やそば粉、カレー粉など、原料を安く抑えることのできる「利益率の高い商売」を手がけるべきという指摘です。利益率の高いビジネスを選択することは、ビジネスを成功させるための骨格となる重要なポイントの1つです。

☆**【推薦書籍】『勝間式「利益の方程式」―商売は粉もの屋に学べ！―』勝間和代 著**

⑨人件費を安く抑え、それでいて高級なお店に見せるためのノウハウに「本場の外国人労働者を雇う」という秘策があります。ガソリンスタンドがターバン姿のアラブ人を雇えば、それっぽい演出ができ、しかも人件費を抑えることができます。（笑）

2 オリジナル商品をもつ

近年、大手スーパーやコンビニが、メーカーからの卸売りではなく、独自の商品を売り出すようになりました。いわゆる「プライベートブランド」の商品販売です。自社ブランドの商品であれば、メーカーからの卸値の制約なしに自由に価格を決められるようになるわけです。

発想の要点

オリジナル商品を持てば利益率を高めることができる

自社ブランドを展開するといっても、自社の工場を持てということではありません。大手のスーパーやコンビニが自社ブランドを展開する場合でも、多くは下請けの企業に発注する形です。ましてや小規模ビジネスを展開する場合なら「製造代行業者」を探す知恵を忘れてはなりません。

★ヒント！　具体例には次のようなものがあります

①代行業者を利用し自社製品を製造してもらう場合、製造代行を意味する「OEM」というキーワードにプラスして、健康補助食品なら「健康補助食品」、スマートフォンアプリなら「アプリ」などをキーワードにしてネット検索すれば、あなたのブランド名で製作代行してくれる企業を多数発見できます。

☆**【推薦書籍】『すぐできるサプリメント起業術』笹川博之 著**
『ずぶの素人がネット副業で3000万円稼ぐ方法』飯野健一郎 著

②既製品を加工したり、おしゃれに見せるための**「付属品」**を専門に開発するのもよいでしょう。例えば、携帯ストラップや、アイフォン専用のケースなどがそれです。また、根強い人気のある「マイナー商品」に特化した製作も喜ばれるでしょう。

③「オリジナル商品」＝「自主制作ビジネス」と捉えれば、別の視点で商品を考えることにつながります。ある主婦は、古着のジーンズを安く手に入れ、得意のミシンで刺繍して、ネットオークションで高値落札させる販売スタイルを確立しています。

このように「既製品に手を加える手法」で、オリジナル商品化する考え方もあるのです。**「商品は多少の加工を施すことで高値で売れる」**ことを覚えておきましょう。

④中古のノートパソコンのオークション販売でも、オリジナルのカラーリングを施すことで、およそ2000円～5000円ほど高値で落札されています。企業から出た中古パソコンなどを大量に扱う場合なら、かなりの差になります。そのため、中古品の価値を高めるための「塗装技術講座」や「半田づけ講座」が存在するほどです。

⑤ユニークな販売法としては、特殊な赤い塗装を施し「シャア専用○○」と銘打つことで高値で取引される商品もあります。機動戦士ガンダムの「赤い彗星のシャア」にちなんだカラーリングというわけですが、いわば「分かる人にだけ分かる」ユニークな加工販売の事例です。

⑥観賞用の3センチ程度の「エビ」が、ネットオークションで高値をつけています。スペースを取らずに部屋で養殖でき、1回30個ほどの産卵を年数回行いますが、柄の出方によって、高いものでは1匹1万円以上になるのも人気の秘密です。

3 大きなものより小さなもの、形のあるものより形のないもの

生活の中で見慣れた商品であっても、ビジネスで取扱う場合、考えなければならないのは、日常の生活からはかけ離れた、圧倒的な「量」を扱わなければならないことです。安易に「かさばるもの」や「重いもの」を扱うと、倉庫代や送料など、思わぬ出費に迫られることになります。

発想の要点

取扱い商品の「サイズ」や「重さ」を甘くみない

ある業界最王手の社長に「どのような会社が理想の会社ですか?」と問いかけたところ、その社長は「夜逃げしやすい会社です」と答えました。夜逃げなど生涯においてするはずのない社長でしたが、その視点はすばらしいと感じました。

★ヒント！　具体例には次のようなものがあります

①子供向けのTシャツを専門に扱う経営者に、なぜ子供向けTシャツの専門店にしたのかと尋ねたところ、経営者は「Tシャツなら薄くてかさばらないし、子供向けといっても、大人のTシャツと値段はかわりませんからね」と回答。

②不動産は、大きな商品と考えがちですが、実際の取引においては物の移動はありません。つまり「権利」という形なき商材を扱うビジネスなのです。そのため、考え方は、紙面上のスペースを扱う「広告業」と同じです。

③経費や価格を送料で調整するために「梱包方法」や「容器の変更、軽量化」に取り組む企業が増えています。

④家具の販売を手掛ける「イケア」は、組み立て式の家具を中心に扱うことで、送料と倉庫代を抑える経営スタイルで、世界的な企業となりました。

⑤逆発想的に、誰も敬遠し手を出さないような「大きなもの」や「重いもの」を手がけることで、地域で独占的に展開するなどの発想もよいでしょう。業績好調な建設用重機のレンタル業者も存在します。同様に、工場内に掲げる「安全第一」「整理整頓」といった大きなプレートの制作を専門で手がける企業も存在しますが、目のつけどころが天才的と言わざるをえません。

⑥海外の人に向けてオークション販売をする人の中には「封書」で送れる商品に限定して出品している人もいます。立体物を小包で海外に送る場合、送料がかさむため落札されにくいのですが、封書で送れる商品の場合、送料は比較的安いため落札されやすいのです。

⑦商材の利益率を基準に考えるなら、理想は、教育やコンサルティングといった「坊主丸儲け」式のビジネスや、技術料にまつわるビジネス、ダウンロードで売れる商品のビジネス、その他、権利ビジネスなどです。

⑧サイズや重さと同様に**「保存が利くか」**の視点も重要です。生鮮食品など、劣化の

早い商品を扱う場合、在庫には常に廃棄の恐怖がつきまといます。長期間売れ残っても影響しない商材が理想です。また、逆発想的に、細かな管理に自信がある商品であれば、それを強みとして活かすこともできます。

4 「商品＋教育」のビジネスモデル

商品と合わせて、商品の使い方を指導することで、収益を大幅に上げることができる経営の王道ノウハウを学びましょう。例えば、ピアノの販売を手掛けるヤマハは、ヤマハ音楽教室を運営しています。このビジネスモデルを、食材とレシピの関係になぞらえて「商品＋レシピ型のビジネスモデル」と呼ぶ場合もあります。

発想の要点

商品に教育を加えて提供すれば、利益を大幅に増やすことができる

★ヒント！　具体例には次のようなものがあります

①「油絵用具と油絵入門ＤＶＤ」の場合、両方とも商品とみることもできますが、これもスタイルとしては「商品＋教育」型の販売スタイルです。ＤＶＤなどの映像教材は、凝った演出を加えないものであれば1日で撮影でき、利益率も大幅に上げることができるため、賢い販売スタイルだといえます。

②販売商品を中古品にすることで、さらに利幅を大きくすることもできます。例えば、中古パソコンの販売と、簡単なパソコン指導とのセット販売です。まだまだ初心者にはパソコンは高額なものというイメージが強いため、商品を中古品にし仕入原価を抑えたとしても、教育とセットにすることで価格に違和感を感じにくいものです。

③化粧品を購入する場合、通販よりデパートの化粧品売り場で購入した方が高いのは、説明してくれる「お姉さん」の給料が加算されているからにほかなりません。

④大学の先生が、自分で書いた本を強制的に買わせ教科書に使うのは、このビジネス

モデル云々というより、職権濫用に近いものがあります。（笑）

⑤設定した日程通りに、メールを自動的に送信する「ステップメール」を利用すれば、メールアドレスを登録したお客様に、伝えたいメッセージや教育を、順序通りに配信できますので、長期的なフォローを自動で行うことができるため大変便利です。

☆検索キーワード▼「ステップメール　比較」「オートレスポンスメール」など

⑥「商品＋教育」のビジネスモデルではありませんが「まぐろの解体ショー講座」のように、自身が有している知識を、通信や教材などの形で商品化する方法でも利益が得られます。そのノウハウ自体は希少性のない基本的な内容でも「そば打ち講座」や「遺言作成講座」のように、好奇心をそそるテーマなら講座にすることができます。

本業の知識を「講座や教材」「民間の検定試験の実施」に応用しましょう。

☆**【推薦書籍】**『速効ビジネス―あなたの経験が現金に変わる！』平秀信 著

5

「本体＋消耗品」のビジネスモデル

今日のプリンターは、高性能にもかかわらず、1万円前後の低価格で販売されています。これは、併せて使う消耗品のインクの方で利益を出そうという考えがあるからです。「本体＋消耗品」のビジネスモデルにおいては、別メーカーの消耗品を利用されては採算が合わなくなるため、各メーカーとも、規格の違う専用のインクタンクを用いたプリンターの販売を行っています。

発想の要点

オリジナルの消耗品とセット販売すれば消耗品をリピート販売できる

消耗品の方で儲けていることに気づく人は多いものですが、そこに「オリジナルの消耗品を用いる必要がある」ことに気づく人は少ないものです。ノンブランドのインクメーカーが、インクだけの販売していますが、そのような販売をされないためにはインクタンクのデザインを「意匠登録」で押さえておくなどの必要があります。

★ヒント！　具体例には次のようなものがあります

①神社やお寺で売られている「おみくじ」を手掛ける企業は「おみくじ用の自販機」も販売しています。手掛ける企業が少ないため、ほぼ独占的な優良企業です。

②本体を購入してもらい、消耗品はお店で無料配布する仕組みを提供すれば、消耗品からは利益を上げられませんが、集客するための小道具としての役割にはなります。

③自社商品を置かせてもらう取引先を開拓するためにも、この考え方を応用することができます。例えば、飲料メーカーなら、ホットドリンク用のウォーマーを、お店に無償で置かせてもらうことで、ドリンクも置かせてもらうといった開拓方法です。

④「本体＋消耗品」と似た形態に「本体＋付属品」で儲ける方法があります。本体の価格は抑え、必要不可欠な付属品の方で儲ける手法です。３Ｄテレビの販売における３Ｄ専用メガネの販売などです。複数で３Ｄ映像を楽しむためには、複数の専用メガネを買わざるをえないというわけです。

6 抱き合わせ販売・バラ売り

算数に、足し算、引き算、掛け算、割り算などの式がありますが、ビジネスのアイデアを考える際も、加える、減らす、からめる、分ける、連ねる、跳ねる、などの型を用意し、その型に照らし合わせながら考えれば、思考の取りこぼしを防ぐことができ、気づきを得やすくなります。

商品やサービスを単体で考えていては、利益がなかなか上がりません。セット販売や、シリーズ展開など、幅のある捉え方を知っておく必要があります。

発想の要点

セットで売る、シリーズで売る、小分けで売る

★ヒント！　具体例には次のようなものがあります

①シャンプーとリンスをセットで売るように、セットで商品を開発すれば、両方まとめて購入されやすくなるものです。また、どちらか一方が早く消費された場合、残っている方が惜しまれるため、同じ商品がリピート購入されやすくなります。

②ある資格試験の予備校では、資格試験の受験コースに加え、通信教育の大学の卒業をサポートする「大学卒業サポートコース」も同時に受講させています。W受講を勧める内容ですが**「教育＋学歴」**のビジネスモデルと捉えてもよいでしょう。

③商品をシリーズ化した場合、別のものと比較したくなる心理や、コレクター心理が働くものです。また「おまけ」をシリーズ化すれば、本体の商品をリニューアルすることなしに、あたかも新商品を販売したかのような販売促進効果を期待できます。

④事業全体も、関連ビジネスと連結させる「合わせ技」の発想が大切です。技術系のソニーが、映画などのコンテンツのビジネスを手がけるのは、映像を観るためのDVD再生機器などの販売と関連した事業だからにほかなりません。同じく、鉄道会社がプロ野球の球団をもつのも、自社の運営する鉄道の路線沿線に球場を作ること

で、大勢の野球ファンに自社の鉄道を利用させることができるメリットがあるからです。さまざまな異業種の利益の出し方を研究してみましょう。

☆**【推薦書籍】『さおだけ屋はなぜつぶれないのか？』山田真哉 著**

⑤「少しだけ欲しい」というニーズも存在します。そのため、通常、大きな売られ方がされている商品を「小分け」「少量」で販売する視点も大切です。レトルトカレーの販売でも「ご飯にかけてちょっとだけ食べたい」とのニーズに応えた、小袋サイズの商品が大人気です。

⑥「キロ」や「トン」単位で法人相手に販売している商品を「グラム」単位で一般消費者相手に販売してみれば、重さあたりで100倍の価格でも売れるものもあります。

⑦貸し机、共同オフィス、住所貸し、まんが喫茶、貸し倉庫も、不動産の「切り売りビジネス」と捉えることもできます。

7

「お金が小さく見える人」を相手にする

ここで人間心理を2つ…。

①困りごとの程度と、出費への抵抗は反比例する
②困っている人間は行動的になる

より良い商品を提供することと同じように、より困っている人を探す視点も大切です。困りごとや、悩みごとの程度が大きければ、商品やサービスは売りやすくなるということです。

発想の要点

扱う商品が「売りやすい人」に向けた商品かを検討する

★ヒント！　具体例には次のようなものがあります

①ビジネスで扱うべき商品は「あったらいいな」ではなく「あったら買いたいな」の商品です。つまり、当然ながら「人がお金を出してでも手に入れたい欲求」を扱わなければならないということです。

②具体的には**「健康や美容」「安心や儲け話」「ステータスや優越感」**といった人間のもつ根深い欲求を扱うサービスなら世の中に需要は尽きません。ビジネスを手がける前に、人間が強い欲求を抱いているテーマかどうかの検討が必要ということです。

③金融業は人のもつ「お金が欲しい」という欲求をストレートにかなえるビジネスです。つまり「今のお金」を「未来のお金」で販売するビジネスというわけです。

④困っている人ばかりが集まる場所を考えてみれば、典型的な場所は「病院」です。また「予備校」も合格できるかできないかで不安を抱えた人の集まりです。

⑤アメリカでは、離婚して間もない人の家に「何か悩みごとはないですか？」と訪ねてくる宗教団体の勧誘があとを絶たないそうです。

8 「顧客情報」を集める知恵を持つ

いきなり目的の商品をお客様に提示するのではなく、段階を踏んで見込み客に接近するスタイルの営業方法は、販売の王道といえる優秀なノウハウです。

まずは「その商品の無料サンプル」や「低価格のお試し商品」などを提供することにより、見込み客のリストを作ることに重点を置くわけです。

顧客リストを持つ利点は、顧客に複数回連絡が取れることです。

販売においては一度のアタックでは成約にいたらない場合でも、数回のアプローチで購入にいたるケースが多いという事実があるからです。また、その際、初めに用いられるお試し商品などを「フロントエンド商品」と呼びます。これは、利益の高い、本来売りたい商品（バックエンド商品）を買わせるための集客用としての位置づけ商品です。

発想の要点

フロントエンド商品とバックエンド商品の考えをもつ

お試し商品や無料サンプルを使う方法のほか**「関連商品」**や**「お客様の生活スタイルから連想した別の商品」**をフロントエンド商品に用いる方法も知るべきです。

★ヒント！　具体例には次のようなものがあります

①地震対策グッズの販売に「よくわかる震災対策ＤＶＤ」をセットで販売しＤＶＤの中で地震保険の勧誘をすればスポンサー的な役割がつくことになり本体の地震対策グッズの販売価格を抑えることもできます。

②宝石をたくさん買っているようなお金持ちのリストを作りたいなら「宝石箱」を販売する。つまり、生活スタイルを想像することで、費用のかかる高額商品を扱わずに、高額商品購入者のリストを作ることもできるのです。

③ペット用のミネラルウォーターの宅配ビジネスを手がけている会社が、宝石の販売も手がけています。ペット用の水にすらこだわるタイプのお客様は富裕層だからというわけです。

④顧客リストは「顧客情報」に昇格させる必要があります、その人の趣味や嗜好など、後々のアプローチに役立つ情報を含まれる状態にすべきものです。顧客情報は購入商品や問い合わせ内容などの積み重ねによって「構築していくもの」なのです。

⑤儲かっている会社は、再度のアプローチのタイミングや方法にかなり頭を使っています。ただひたすら新しいお客様を発掘しようとすると、大変なコストがかかることを思い出すべきです。効果的な再アプローチのノウハウを研究しましょう。

☆**【推薦書籍】『バカ売れ ＤＭ集客術』豊田昭 著　『一通のＤＭでお客様の心をつかむ法』有田昇 著**

9 商品に仕掛けをし「顧客情報」を集めるノウハウ

直販スタイルで、自社の商品を販売する場合なら、発送先をもとに、お客様の住所や名前、メールアドレスといったお客様情報を取得することは容易です。

しかし「店頭販売」や、直販でない「他者の販売サイト」を利用して商品を売るスタイルでは、通常「売りっぱなし」の状態であり、せっかく自社の商品をお買い上げいただいたお客様の情報が得られない結果になります。

顧客情報が手に入れば、キャンペーンの告知や、新商品のご案内など、何度も連絡を取ることができるようになるため「顧客情報の取得方法」を考え出すことは極めて重要な経営のテーマです。

そのため、賢い経営者は「商品に仕掛を施す」ことで、顧客情報を集める「頭脳的経営」を行っています。

発想の要点

「商品に仕掛けを施す」ことにより顧客情報は入手できる

★ヒント！★　具体例には次のようなものがあります

①例えば、健康食品なら「別商品のサンプルを無料で郵送する」などの案内書を、商品の箱の中に同封することで、お客様の住所や名前を取得することができます。

②ポイントを集めてメーカーに送れば、商品や景品などがもらえるようにするアイデアも、顧客情報を得る定番のノウハウです。極端な例としては「当たり」と書いたカードを入れておき、カードを送れば、景品を送るといった方法でもいいでしょう。

③特定の売り場でのみ販売する商品に、このような顧客情報収集ノウハウを活用すれば、富裕層のリストを集めるノウハウとしても利用できます。例えば、高級ホテル限定の商品の中に、このような仕掛けを施せば「高級ホテルを利用した人」の顧客リストが作れるというわけです。

④高級品や、高級店でのみ販売する商品を、左記のごとくフロントエンド商品として利用すれば、収益性の高い商品を売るための「お客様探し」に役立つわけです。

⑤ホームページから、無料で情報を提供する場合も、メールアドレスを入力させ、そのアドレス宛てに、情報提供用のＵＲＬを連絡する形にすれば、そのお客様のアドレスを取得することができます。

⑥本の間に「著者から追加の特典がもらえる」旨の「申し込みハガキ」や「ファックス申し込み書」を挿入しているビジネス書も多いものです。

⑦ＰＤＦデータで、有益な情報を販売する、いわゆる「情報商材」の販売においても、商材であるＰＤＦデータの中に「参考資料を○○のページから取得できます」のように記載し、メールアドレス宛てに送信する仕掛けを施しておけば、たとえ別業者の運営する販売スタンドから購入された場合であっても、そのお客様のメールアドレスを取得することができるようになります。

⑧今後急激に伸びるであろうスマートフォン用アプリのダウンロード販売でも、ソフトに仕掛けを施すことにより、お客様情報を得ることができるようになるはずです。

10 ルール上の盲点を発見する

法令や慣習などのルール上の盲点に気づけば、大きな利益につながります。中には早い者勝ち的に権利が得られる業種すら存在します。またタバコの販売免許のように、距離の制限が存在する職種の場合、法律によってライバルを排除してくれているビジネスといえます。つまり、法律など、世の中のルールに詳しくなることは、ビジネスチャンスを広げることにつながります。

独立希望者の中には、資格を取得して独立しようと考える人が多いものです。しかし、古物商のように無試験の届け出制で、稼ぎやすい免許が存在することを知っておくべきです。

発想の要点

ルールを知り、チャンスを広げる

★ヒント！　具体例には次のようなものがあります

①取引先との交渉の中に使える、覚えておくべき魔法の質問があります。それは…「何か条件つきで安くなるケースはありませんか?」という質問です。先方のルールにも例外がある場合が多いのです。いわば「訳ありサービス」を引き出す質問です。

②コミックマーケットで、毎回安定して高収益を上げているのは、実は、焼きそばやフランクフルトを売っているお店だったりします。しかし、出店にあたり二層式の流しを設置が必要になる場合があるなど、保健所からの営業許可をもらうためのハードルがいくつかあり、それを知らない新規出店希望者は、結局期日までに準備ができないなどの理由で断念するケースが多いのです。

③法整備がされていない分野に興味をもちましょう。あるアメリカ人は「月は誰のも

のか？」考えました。結局法整備がされていないため、アメリカでは彼の「月の土地の権利販売ビジネス」は認められることとなりました。ネット上では月の土地や、各種惑星の土地が、誕生日などのプレゼントとして盛んに売買されています。

④ＤＮＡの管理も将来大きなビジネスになるでしょう。遺伝情報だけでなく現在、法整備が整っていない「若い時代の細胞の保存」にも必ず価値が出るはずです。体のどこの部位の細胞でもよいというわけではありませんが、活用技術が開発されても、肝心の「若い時の細胞が保存されていない」という事態が必ず発生するはずです。

⑤権利があいまいなものに「声」があります。一人ひとり異なる声紋の権利関係は、はっきりしていないのです。有名な声優さんの声もデジタル合成すれば、たとえ、本人が亡くなった後でも利用できるため、権利が問題になる時代が必ず来ます。

⑥法改正の動きのある業界は儲かっています。弁護士や行政書士など、士業の先生方には、ビジネスに生かす「法律の盲点講座」を開催していただきたいものです。

⑦究極の仕組みづくりは、法律を自分に都合よく改正することです。そこに気づいた経営者の中には政治家を志すようになる人もいます。そのため、善い政治家は「よい街づくり」を、悪い政治家は「都合のよい街づくり」を志します。政治に関心を持たなければ、だれかに都合よく利用されてしまうことになりかねません。

11 勝てる「音」と「色」で差をつける

「色彩心理」や「ネーミング技術」は、いわゆるセンスが問われる分野です。自分の感覚が社会の感覚とズレていることも大いにありうる分野です。

色彩や音には科学的に認められたメッセージ性がありますので、これらの心理的影響力は、経営に携わる者であれば必ず学習しておくべきテーマです。

発想の要点

「色彩心理」「音響心理」を考慮した戦略をたてる

★ヒント！　具体例には次のようなものがあります

①オートバックスは、高額なイメージのある自動車関連の商品に「安さ」を感じさせる色彩心理カラー「オレンジ」の起用で大成功。

②飲食店なら「赤」「オレンジ」「黄」ベース。ドラックストアなら「白」「青」「黄」ベースといったように、定番の集客カラーが存在します。業種やコンセプトに適した色を用いることは極めて大切です。

③スターバックスでは、アイスコーヒー用のストローに、コーヒーが最も美味しく感じられる「緑色」を採用しています。

④「ビートたけし」の芸名は「ビートルズ」「ベンチャーズ」など「BやV」で始まるスターがヒットする傾向にあることを意識しての命名だったそうです。「バビブベボ」や「ガギグゲゴ」などの濁音「パピプペポ」の破裂音「ギャギュギョ」などの拗《よう》音は通常の音に比べ、聞き手にインパクトを与え記憶に残る音なのです。

☆【推薦書籍】『儲かる色の選び方』小倉ひろみ 著『売れる色の理由』芳原信 著
『怪獣の名はなぜガギグゲゴなのか』黒川伊保子 著
『売れる‼ネーミングの秘密』感性リサーチネーミングラボ 著

12 ネーミングの重要性を理解する

商品の売れ行きが、そのネーミングの良さにあるという事例は多いものです。そのものズバリで覚えやすいネーミングや、いかにも効果のありそうなネーミングを用いることで収益が大きく変わってくるものです。

ネーミングは、社名や商品名だけでなく、プランや技術、さらには現象にまで幅広く効果的に用いることのできるものです。「はじめに言葉あり」といいますが、ネーミングも言葉の1つです。**ネーミングや広告文章は売上アップのための重要な要素でありながら、それでいて経費のまったくかからない存在**なのです。

発想の要点　ネーミングの研究は費用対効果が高い

★ヒント！　具体例には次のようなものがあります

①引っ越し業者を利用するお客様が、電話帳で業者を探すことが多い点に注目し、アート引越センターは設立の際、電話帳で上位にくる「アー」で始まる社名にしたことは有名な話です。現在では同じことを考える企業があまりにも多くなってしまったためこのノウハウは通用しませんが、企業名や商品名が一覧表などで紹介される場合、どのような名称が優位かは考慮すべきです。

②会員制度を導入するなら「その団体に所属することが会員のプロフィール作りに役立つネーミングであるか」を考慮したうえで団体名をつけましょう。同業の団体が多数存在する場合、考慮されるポイントの1つが「どちらの団体に所属したほうが、プロフィールとして立派に見えるか」なのです。商標が登録されていないことを確認したなら「日本○○協会」といった業界最大手に思える名称を用いましょう。

④本書でもいくつか紹介しておりますが、商標権は個人でも大企業と張り合える戦略上の強力なノウハウですので、ぜひ専門書で知識を習得しておきましょう。最近では行政も命名権の売買を行うなど、ネーミングに関する注目は高まるばかりです。特許と異なり、**商標権は更新により永久に独占利用できる頼もしい権利**なのです。

☆**【推薦書籍】『商標ブランディング』上村英樹 著**
『売れるネーミングの商標出願法』町田典留見 著 中本繁実 監

⑤ネット時代の今日、検索キーワードを意識したネーミングという視点が重要になりました。「人気検索キーワード」を商品名やキャッチコピーに埋め込めないかと意識すれば、ネット経由での売り上げが伸ばせるわけです。

⑥ネットを意識した強力なノウハウに「人気のキーワードをタイトルに埋め込んだ本を出版する」という方法があります。特定のキーワードでネット検索した場合、上位ページにそのキーワードを含んだ本の「アマゾンの販売ページ」が掲載されます。私の本の場合なら「儲けのネタ」「お金をかけずに」「お金を稼ぐ」といった人気キーワードを、タイトルの中に埋め込んでもらえるよう出版社にお願いしています。

13 「ナンバーワン戦略」を利用する

日本で一番高い山は富士山ですが、では、日本で2番目に高い山は、何という山でしょう？　答えは、南アルプスに位置する標高3193mの北岳です。

これが、1位と2位の違いです。つまり、1位は2位に比べ圧倒的に知名度も関心度も高いのです。ビジネス上でも、この1位のもつ強力な影響力を活かす戦略があります。それが「ナンバーワン戦略」です。

1位をアピールできるようになれば、それが、たとえ小さな1位であっても強力な武器として収益につなげることができます。そのためには、自分が1位になれるまで細分化し、絞り込んで自身の強みを再発見することから始めることです。

発想の要点　人のもつ「1位のものに興味をしめす心理」を利用する

ナンバーワン戦略や、市場占有率の考えなど、弱者にとって有益なノウハウをたくさん学ぶことのできる「ランチェスター戦略」関連の本は必ず読んでおくべきです。

☆**【推薦書籍】『ランチェスター戦略「弱者逆転」の法則』福永雅文 著**
『小さな会社・儲けのルール』竹田陽一・栢野克己 著

★ヒント！　具体例には次のようなものがあります

①アナウンサー就職希望の人を専門に扱う有名写真スタジオは予約を取るのに相当の時間がかかるほどの盛況ぶりです。絞り込みによる1位戦略の成功例です。

②広告ではイメージにぴったりの狭い事実などを連想しそこでの1位を効果的に利用する方法があります。

・東大生に最も読まれている○○　・北海道の旭川で最も売れている温か肌着

・世界で最も寒冷地で取れる○○使用

③1位をアピールするためには、自身の仕事が1位に近づくまで、細かくセグメント（分割）し、さらに地域性などを加えて検討してみることです。例えば家電量販店

なら、「ソニー製」で「ノートタイプ」なら「東海地域」で販売実績1位!…など。

④代理店がなくて困っている島に営業所を構えた保険屋さんは、その島で唯一の保険代理店ということで、ほとんどの世帯から契約を取ることに成功しています。

⑤「実力ナンバーワン」以外のナンバーワンでも有効に使えるものがあります。それは、地域で最も古くから手がけてきた**「歴史的1位」**などです。そのため、将来伸びそうな分野は、後々のために早めに形だけでも手がけておくのも1つの方法です。

⑥新規参入者の来ないビジネスを手がけ「残存者利益として繰り上げ1位」をめざす考え方も、経営戦略としては極めて手堅い1位戦略です。

⑦商品が1位でなくても、広告に「1位」という文字を利用できるようになる秘策があります。それは「その業界で1位の人から推薦をもらう」方法や「その業界で1位の人を開発に参加させる」方法などです。これにより「ギネス世界1位○○マイスター推薦」のように「1位」の文字が使えるようになるわけです。嘘でなく、し

かも商品に注目させるアイキャッチの効果は抜群です。

⑧業界1位でないことを逆手に取る作戦も存在します。サカイ引越センターのCMでは「サカイは引っ越し件数55万件、でも売上はナンバー1じゃないんだって」という、お値ごろ感をイメージさせるフレーズを採用していました。

⑨また、だれも使っていない肩書を用いることや、研究分野を新たに開拓することで、いきなり1位を名のる「創造による1位戦略」も大変優れた戦略です。そのためにまずすべきことは、世の中でまだ誰も使っていない肩書を持つことです。

私の場合なら「アイデア作家」という肩書を誰も使っていませんでしたから、アイデア作家と名乗った段階で、業界ではいきなりナンバーワンというわけです。（笑）

創造戦略の利点は、ルールを創造者である人間が自由に決められる点です。

14 法則性を学び、ビジネスに生かす

タイトルに「法則」の文字が付けられた本は、比較的よく売れるのだそうです。それだけ人間は法則を求めているということです。法則のありがたさは「再現性」がある点にあります。再現性とは、同じ条件のもとで同じようにすれば、同じ結果が得られるという性質です。つまり、法則を知ることで、それだけ成功する確率が高くなるわけです。

しかし、法則を意識することは大切ですが、自分で考えることはもちろん大切です。ユダヤ教の聖典「タルムード」の最後のページは白紙のままにしてあります。これは読者に「自分で考えることの大切さ」を伝えるためのものです。

発想の要点

法則性を意識しつつ、法則にしばられない

以下に、ビジネス法則および心理分野の推薦書籍を掲載しておきます。

☆【ビジネス法則分野の推薦書籍】

『知っているようで知らない 法則のトリセツ』水野俊哉 著

『最強の「ビジネス理論」集中講義』安部徹也 著

『80対20の法則』リチャード コッチ 著

『ビジネス界に脈々と伝わる先人の知恵　業界のセオリー』鹿島宏 著

『未来の読み方』日下公人 著

☆【心理分野の推薦書籍】

『フシギなくらい見えてくる！ 本当にわかる心理学』植木 理恵 著

『影響力の武器』『影響力の武器 実践編』ロバート・B・チャルディーニ 著

『人を動かす』『道は開ける』デール・カーネギー 著

『不思議現象 なぜ信じる』菊池聡ほか 著

『脳と言葉を上手に使うNLPの教科書』前田忠志 著

『史上最強の人生戦略マニュアル』フィリップ・マグロー 著

『マーフィー100の成功法則』大島淳一 著

『7つの習慣』スティーブン・R・コヴィー 著

第 2 章

この発想に便乗しよう

― マネから始める便乗発想 ―

「賢者は歴史から学ぶが、愚者は経験からしか学ばない」

ビスマルク

15 「商材」を0・03秒で手に入れる方法

ある出版社の社長が、成功の秘訣を次のように語っていました。

「私はあるとき、活字に比べ、写真や動画作品の方が、編集作業が遥かに楽であることに気づき、写真集やＤＶＤの販売に力を入れるよう、経営方針を改めたのです」

このようなことを出版のプロでさえ口にすることからも、素人が活字情報の提供で稼ぐことの難しさが分かるというものです。

情報ビジネスを継続させる場合「商品を量産すること」が必要になりますが、希少性のある活字情報を個人レベルで量産し続けることは極めて困難であるといえます。そのため、活字で勝負していたライターさんの中にも、写真や動画を学び、ビジネスに取り込む人が増えているのです。

発想の要点

「制作一瞬、権利は一生」写真著作権ビジネスを検討してみる

写真の場合、極端な表現をすれば「シャッターを切った数だけ著作権が発生する」のです。

デジタルカメラの出現以来、フィルム代を心配することなくシャッターが切れるようになり、極めて経費のかからない権利ビジネスになったといえます。

★ヒント！　具体例には次のようなものがあります

①例えば「人物写真」についてアイデア考えてみましょう。人物写真は極めて需要の高いジャンルですが「肖像権」の問題により、自由に使えるフリー素材用のモデルのなり手が少ないという問題があります。
そこで、コラージュ写真制作用に「顔のパーツ写真」に特化し販売するという戦略もよいでしょう。既存写真の表情を修正するためにも利用できる、コラージュ写真用の「顔のパーツ写真集」などです。

デジタル技術の向上により、写真合成が容易になった今日、このような顔のパーツ写真集があれば、独自の写真が製作できるため広告代理店などでは喜ばれます。

②広告担当者に需要のあるテーマを考えてみれば…。

・コールセンターのイメージ写真や受付嬢の写真

・人物写真の背景に使うための「背景用写真素材」

・広告で利用する「ビフォー&アフター写真用素材」

・4コマ風に組み合わせる「ストーリー解説用写真素材」

・地域別の道案内に使うための「道案内用風景写真」などなど

③著作権関連ビジネスは、国内のみならず、国際的視野をもってマーケットを検討すべきビジネスです。特殊なテーマに専念するのも成功の秘訣です。日本で80年代に大ブームを起こした「ナメ猫」の写真家は、その後アメリカに進出し「猫の写真家」として大成功を収めています。

☆**【推薦書籍】『写真で稼ごう』LOCUS. AND WONDERS. 著**

16 プロフィール大作戦

人間は、レッテルを貼られることを恐れるのと同じように、自分が活動しやすくなる「プロフィール」を得たいと望むものです。人は人から最も影響を受けます。相手が自分のことをどのように見ているかに応じて、自分の行動が変わってしまうものです。相手に思われたい通りの自分像を相手に与えることができれば、これほど仕事をスムーズに運べるものはありません。

発想の要点

活動しやすい肩書やプロフィールを利用する

肩書やプロフィールは嘘であってはいけません。しかし、女性が化粧をするのと同じように、見栄え良くする努力は必要です。

他人と組んで仕事をする場合、組む相手も、他人に誇れるような立派な人物と仕事をしたいのものです。相手のためにも演出はすべきなのです。

①今日「○○サイト管理人」や「○○メルマガ編集長」といった肩書は、最も使いやすく、しかも、それなりの評価が得られる肩書です。この発想なら、たとえニートの方でもすぐに名刺が持てるようになります。

②無名なら「団体名で活動する」という方法も有効な選択肢です。団体名で行動する利点は、無名の人でも「団体の長」という立場を相手に感じさせるため、邪険に扱われにくくなることです。そのため、学生さんなどが企業に働きかける際は利用すべき知恵なのです。

③ヤマト運輸では、配送のドライバーを「セールスドライバー」と呼んでいます。単なるドライバーではなく、営業意識を認識させる素晴らしい知恵です。

④名刺からは「営業」の文字は外すべきです。営業やセールスという肩書は、近寄られたくない印象を与えてしまいます。「営業」に代えて「○○カウンセラー」と銘打ったとたんに、相手から相談される立場になれます。お金をかけずに肩書を変えるだけで、仕事がしやすくなるのですから肩書を見直すことはとても重要です。

☆【推薦書籍】『ビジネスが加速する！　すごい名刺』堀内伸浩 著
『1秒で10倍稼ぐありえない名刺の作り方』高木芳紀 著
『24人に1人渡すだけで仕事が取れる「絶対受注名刺」』福田剛大 著
『口べタなあなたを救う しゃべる名刺』中野貴史 著

⑤また、自分の得意な分野に特化した「専門的な肩書」を用いれば、苦手分野や、利益の出にくい「やりたくない仕事を断る理由」としても使えます。

⑥自分のキャリアとして「著書」を持つことは強力なプロフィール作りに役立ちます。「小説」の書けない人でも「解説」なら書けるものです。仕事や生活の中で気づいたことをメモに取る習慣をもち、それをもとに要点と解説というスタイルで文章を書けば本が作れます。本書もすべて私の日頃のメモをもとにまとめた本です。

☆【推薦書籍】『出版で夢をつかむ方法』吉江勝 著
『「ビジネス書」を書いて出版する法』畑田洋行 著

17 自腹を切らないで済む方法を提案する

「恋人やご両親におねだりしてみませんか？」…という案内で、売上を伸ばしている驚きの貴金属店が存在します。今後普及するであろう「おねだりメール」による販売手法です。ソーシャルメディアが普及した今日、このような「ソーシャルギフトサービス」の視点は、さまざまな業界で検討すべき時代になりました。

お客様が、買うことに抵抗を感じる大きな理由はどのようなものでしょう？ それは、自分のフトコロが痛むためです。そのため「お客様が自腹を切らずに済む方法を提案する」という切り口で、販売方法を研究してみるのはいかがでしょうか。

発想の要点

「出資者」と「利用者」とを分けて考える

私たちは同じようなビジネスモデルに毎日接しています。民放のテレビ番組をタダで見られるのも、スポンサーのコマーシャルがあるお陰です。フリーペーパーや求人誌が無料で配布されているのも、掲載する企業側から料金を徴収するスタイルだからにほかなりません。

☆**【推薦書籍】『価格を無料（フリー）にしても儲けが出るしくみの作り方』鈴木進介 著**

★ヒント！　具体例には次のようなものがあります

①下着メーカーのトリンプでは、夫や彼氏に下着を購入させる「おねだり機能」をサイトに設置することで、驚異的なコンバージョン率を得ることに成功しています。

②商品販売の広告にも「プレゼント用にも喜ばれています」という、たった1行の文章を加えることで、売上を伸ばせる商品が多いものです。また、こうすることで、ネット検索でプレゼントを探している人を引き寄せることができます。

③路上で貴金属を販売している外人さんの中にも、歩いているカップルに「カワイイ彼女に指輪はいかが？」との誘い文句で声をかけている人がいました。

④誘い文句の中で、その人が間接的に利用できる方法を提案してあげる方法も、売上につながります。例えば本の販売なら、図書館にある「リクエストのコーナー」の存在を伝え、リクエストさせるなどの方法です。この場合、実際に購入するのは図書館になりますが、利用者は自腹を切らずに「読む」という目的を達することができます。

⑤**「会社員が経費で落とせる商品にできないか」**という発想で、一般的には経費で落とせないような商品を経費で買えるようアレンジしてみるのはいかがでしょうか。「経費で落とせる」はとても魅力的なフレーズです。

⑥イベントの中には、コンテスト形式にすることで、観客からは料金を取らずに、コンテスト参加者側から参加料を徴収するスタイルにしているところもあります。大勢の人が集まりやすい環境を作ることで、コンテスト参加者がアピールしたい内容を広めることができます。

18 大きく稼ぐための応用を意識する

私は、生活の中で何かのアイデアを思いついた場合、その応用方法を考えるにあたり、まず次の4つのことを考えるようにしています。

(1) このアイデアを不動産関係の仕事に応用できないか?
(2) このアイデアを法人相手の仕事に応用できないか?
(3) このアイデアを継続的な取引に応用できないか?
(4) このアイデアを権利化できないか?

つまり、そのアイデアを「大きく利用するための方法」を考えるようにしているのです。不動産を売るための日々の努力と、5万円の教材を売るための日々の努力の間には、ほとんど努力の差はないのです。

俗っぽい表現を使えば、思いついたアイデアを「ごっそり稼ぐために応用できないか」と考えるようにしているわけです。集客にあてはめるなら「ごっそり集客できないか」という視点をもつことです。

発想の要点

「ごっそり稼ぐ」「ごっそり集める」の視点をもつ

★ヒント！ 具体例には次のようなものがあります

①名著『私はどうして販売外交に成功したか』の著者、フランク・ベドガーは、本の中で、講演をしてお客様を集めることの有効性を説いています。ある有名コンサルタントも「大勢の前で話せる能力を身につけられれば人生が変わる」とさえ語っています。今日ではセミナー営業のノウハウもかなり研究され、書籍からでもかなり濃いノウハウが学べるようになりました。

☆**【推薦書籍】『人が集まる！行列ができる！講座、イベントの作り方』牟田静香 著**

『たった5人集めれば契約が取れる！顧客獲得セミナー成功法』遠藤晃 著

②逆発想的なセミナー運営法として自力で参加者を集めてセミナーを行うのではな

く、学校や企業、商工会議所など「すでにお客様を集めてある団体のところへ出かけていく」スタイルで仕事をする考え方があります。

☆【推薦書籍】『90日で商工会議所からよばれる講師になる方法』東川仁 著

③「予備校さんなどから毎年お声のかかるような専門分野を開拓できないか?」という発想で、自己の専門分野を考えることは、運営後の集客を楽にする賢い視点です。

④集団や組織の中の個人をまずターゲットにし、その仲間や同僚を芋づる式に呼び込み新規客にしていく「集団感染マーケティング」の視点も、1つのアクションで利益を生み出す「ごっそりの集客法」と捉えることができます。自分に合った「ごっそり稼ぐ」「ごっそり集める」の手法を研究してみましょう。

☆【推薦書籍】『集団感染マーケティング』
『客が客を呼ぶ「集団感染」のスゴイ仕掛け』杉村晶孝 著

19 ガンダムで集客し、アダルトサイトに牽引？

ガンダム関連のブログを立ち上げ、アダルトサイトに牽引しているブログをよく見かけます。つまり、これは、根強いファンをもつガンダムで男性を集め、興味をもつであろうアダルトサイトのバナーを張ることで、サイトからの広告収入やアフィリエイト収入を得る作戦です。同じく、韓流スターで集客し、ダイエット商品を販売しているサイトも多くみかけます。

このように、売りたい商品の顧客層のいる、別の大きなマーケットの力を借りて集客し、その後本来売りたい商品の販売に結び付ける「あやかり型集客法」もあるのです。

発想の要点

「集客力」と「利益を出す商品」を別に考えてみる

『集客力と商品』「集客商品と利益商品」『信用と商品』といったように、強力な別のチカラを組み合わせる知恵をビジネスに生かしましょう。

★ヒント！　具体例には次のようなものがあります

①「料理教室」の名目で主婦を集客し、参加した主婦と人間関係を作ってから、高額な「鍋セット」の販売につなげるスタイルも大昔から存在します。「商品＋教育」のビジネスモデルの逆バージョンと考えてもよいでしょう。

②知り合いの税理士の先生は、保険の代理店としての収入の方が多いそうです。数字を扱う専門家としての信用が、保険の損得計算にも長けた人との印象を与えるため、税理士さんの中には保険の代理店として高収入を得ている人が多いのだとか。

③「ジュース無料」のサービス券で集客、ハンバーガーやポテトで利益を出すような方法をよく見かけます。

④デパートなどの商業施設では、ユニクロや100円ショップなど、集客力のある企

業を迎えることで、ビル全体の売上向上を図っています。

⑤何度も来店させるアイデアを考えましょう。ミネラルウォーターを入れる専用の容器を提供し、その容器を持参したお客様には、ミネラルウォーターを無料で提供するというサービスでリピート客を集めているスーパーもあります。水は消耗品であるため、なくなればリピート集客できるというわけです。

⑥要らなくなった商品の「下取り」を特定の売り場で実施させる方法を、集客に利用するデパートなどが増えてきました。下取りの際、現金の代わりに、そのデパートのみで使える商品券を与えることで、商品券を利用する際、再度デパートに集客できる仕組みです。下取りで1度目の集客、商品券で2度目の集客というわけです。

⑦レンタルビジネスは、それ自体が最低2回来店させる仕組みである点に注目すべきです。貸し出し時が1度目、返却時が2度目というわけです。12月にクリスマスツリーの販売を行うホームセンターの中には、返却すれば代金を返すという作戦を展開しているところもあります。

20 コラボ企画を考える

左記の**「集客力」**と**「利益を出す商品」を別に考えてみる視点**と同様な考え方に他者の力で集客し、共存共栄していくスタイルのビジネスモデルがあります。関連テーマで集客力のある人と共同で仕事を進めていく方法です。

外に目を向け、他の企業や、力のある人から「力を借りられないか」と考える視点はとても重要です。**「誰が誰に売るか」と同じぐらい「誰と組んで売るか」を考えてみる。**自力ばかりに目を向けず「他力」の協力を得るべきです。人にお願いする発想は、人を信頼する考えをもつことでもあります。

発想の要点

自力にばかり目を向けず、他人の力を借りる視点を持つ

今日の心理学では、人物の優秀さを計るうえで「他人の力を取り込める能力」に重きを置くようになりました。いくら本体のCPU性能が良いパソコンでも、他の関連機器とつなぐためのUSBコネクタが1つしかなかったらどうでしょう。とても使い勝手の悪いパソコンになるはずです。ビジネスを考えるうえでも、自分の外にある資源にも目を向けることが大切です。

★ヒント！　具体例には次のようなものがあります

①食品メーカーが女子高の家政科と共同で商品開発をすれば「女子高生と共同開発！」というセールスポイントが得られるとともに、マスコミも記事として取り上げやすいため、広告費の削減にもなります。

②「別業界の販売ルートを使う」という視点で、別業界と組む方法も販路を広げる有効な方法です。例えば、DVDの制作業者が出版社と手を組むことで、これまでの流通ルートに加え、書店ルートからもDVDを販売するなどの考えです。

③複数の無名講師が、1人の有名講師と共同でセミナーを開催した場合、有名講師の

知名度により集客は容易になります。

講演の際、他の講師には演台から降りてもらい「1人で大勢の前で話している状態」を作り、会場後方から写真を撮影しておけば「大勢の人に認められている人気講師」というプロフィール写真に使える写真が作れます。

これは新人講師を育てていくためのセミナー企業のノウハウの1つです。

④仮に、固定客500人同士の2人のブログライターが、共同で1つの商品を制作し、合計で1000個販売したのであれば、収益自体はいつも同じであっても、後々のプロフィールとして「過去に手がけた商品がネットで1000個完売！」という実績として利用することができるのです。収益以外のメリットにも注目すべきというわけです。

☆**【推薦書籍】『仕事とお金を引き寄せる人脈構築術』平野友朗 著**
『レバレッジ人脈術』本田直之 著

21 物語性を伝えて売る

人間は物語性のあるものに惹かれます。その商品の開発秘話や、サービスが生まれるまでの興味深いエピソードがあれば、それはとても力強い集客力になります。いわば「商品＋物語」の戦略です。また物語性は、商品やサービスだけでなく、それらを手がける人物や会社の歴史に関しても同様の効果が得られます。

発想の要点

経営に「物語の持つ興味づけ効果」を取り入れる

物語は、心をつなぐ糸と呼べるものです。人間は論理やデータだけでは心は動かされにくいものです。物語には感情を動かす力があるのです。

★ヒント！　具体例には次のようなものがあります

①商品やサービス、経営者の物語を書き出してみましょう。自社にさほど興味を引くような物語がないなら、取扱商品の進化の歴史などを、ホームページ上に掲載するだけでも、訪問者からの信頼度を高めることができます。

②物語性は、お客様のほかマスコミを注目させる要素にもなります。マスコミが注目し取り上げたなら、その物語性のある内容が、さらにブログなどの口コミ効果として勝手に広がることにもなるのです。

③物語といっても端的に伝えることのできる内容でなければなりません。「刑務所の受刑者が作った椅子」というように短く表現できるものがいいのです。

④新企画を考える際「物語性を加えられないか」という視点はとても大切です。この視点は、広告費を少なくする視点でもあります。タオルという爽やかさをイメージさせたい商品の製造に、風車の力で織るアイデアを採用した企業は、その製造方法のユニークさが物語的に口コミ効果を生んでいます。

☆**【推薦書籍】『仕事はストーリーで動かそう』川上徹也 著　『ストリートPR術』上村秀樹 著**

22 「マスコミが飛びつく取材先」になるには？

日本音響研究所所長、鈴木松美氏は、なぜ「マスコミから選ばれる人」なのか？

日本音響研究所は、人間の声の「声紋分析」などを行っている研究所ですが、この研究所は、なぜ頻繁にテレビの報道番組から取材を受けるのでしょうか？

それは…この研究所に取材に行けば、取材陣が「声紋の波形をモニター映像を入手できるから」なのです。

発想の要点

テレビ番組の取材は「視覚に訴える情報」を提供してくれるところに集まる

「視聴者を釘づけにできる映像が得られる取材先であること」が、テレビ番組の取材先として選ばれる要件の1つなのです。マスコミを利用する作戦も、予算をかけずに行うことのできる「ごっそりの集客法」の1つと考えることができます。

★ヒント！　具体例には次のようなものがあります

①言葉だけで説明する同業他者が多い中において、モニターやパネルなどの「視覚に訴える小道具を用いて解説してくれる専門家」になれば、それだけで取材陣からは、「あの人の事務所に行けば映像が得られる」という認識を植えつけられます。同一分野で再び専門家のコメントが得たい場合、リピート取材される可能性が高くなり、結果として「有名な第一人者」としてのブランド作りに役立つわけです。

②「猫の駅長」や「アザラシのタマちゃん」などがニュースで話題になったのも、それがテレビで紹介する際、視聴者の視覚に訴えられるものだからです。

③東日本大震災後に設けられた、復興庁の「看板」は、地震の際、津波にあった松の廃木で作ったものとしての「物語性」と「視覚に訴えられるもの」である点が重なり、ニュースで取り上げられました。これは、「単なる看板」ですら演出の仕方によっては、マスコミから取材される対象になりうるという好例です。

④稲穂で絵画を表現した、青森県田舎館村の「田んぼアート」が、毎年テレビの報道番組で紹介されるのも、同様に視覚に訴えるからです。毎年の風物詩的な存在として取材対象の地位を確立しており、村の知名度を上げる作戦としては大成功といえます。

⑤商品開発をする際も、テレビや雑誌、ブログなどで「映像や画像として紹介したくなるものであるか」を重視すれば、広告費を抑えることにつながります。

⑥マスコミを利用するノウハウは、小予算の経営でも活用できる「強力なノウハウ」ですので、複数の書籍を利用し学んでおくべきです。

☆**【関連書籍】**『テレビであなたの商品・会社をPRするとっておきの方法』吉池理 著
『何故あの会社はメディアで紹介されるのか?』西江肇司 著
『テレビが飛びつくPR』殿村美樹 著
『マスコミが思わず取り上げたくなるプレスリリースのつくり方・使い方』蓮香尚文 著

23 「マスコミ掲載者」を相手にしたビジネスを考える

新聞や雑誌に取り上げられた経営者や主宰者に対し「○○新聞でのご掲載おめでとうございます。記念に掲載記事を引き延ばし、パネルに入れたものを残してみてはいかがでしょう?」というお誘いをし、仕事にしている企業が存在します。

つまり、新聞や雑誌で取り上げられたことは、一種の「慶事」であるため、それを形にして残せることは、一生の記念になるサービスです。嬉しいことがあった人間は、ふだんに比べ心がオープンになり財布のヒモも緩くなるものです。

発想の要点

「マスコミ掲載者」を相手にできれば、新聞や雑誌の見方が変わる

新聞や雑誌に取り上げられた人を、お客様にできるのであれば、巷にあふれる新聞や雑誌に掲載されている人のすべてが「お客様候補」に見えてくるはずです。個人情報の入手が難しくなった今日においても、マスコミ掲載者や著者、または法人などの情報は入手しやすい点に注目すべきです。その利点を生かしたビジネスを検討してみましょう。

★ヒント！　具体例には次のようなものがあります

①「マスコミ掲載実績」を讃える場合、何らかの「賞」とセットで提供することが購買心理をくすぐります。「あなたの手掛けるビジネスが、当方のニュービジネス大賞として選ばれました」というようなアプローチができるからです。

②著者に喜ばれる何らかの商品やサービスを開発できれば、ふだん本を購入するためだけに見ているアマゾンのサイトも、見込み客だらけに見えてくるはずです。

③自費出版で本を出版した著者を相手に、商業出版成功ノウハウを提供する場合、自費出版専門出版社の出版目録は、まさに「見込み客リスト」そのものです。自費で何かをしている人を探し、育成するビジネスモデルの1つです。

④マスコミ経由で発表される情報のほか、法律上公表されることが義務付けられている、いわば「誰でも閲覧できる公的機関の提供する資料」の中にも同等の結果が得られるものも数多く存在します。

24 無人経営戦略を考える

もし、従業員10人の建設会社と、従業員2人でパソコン10台をフル稼働させている通販会社があったとすれば、どちらが儲かっている会社に思えるでしょうか。なんとなく後者の方が儲かっているように思えるのではないでしょうか。

事実そのような傾向にあるでしょう。工場設備などの生産手段が高かった時代は、安く手に入る従業員を多く雇う経営は賞賛される経営でした。

しかし、昨今の経営で人件費ほど大きなウエートを占める経費はありません。つまり、人を使わない経営の方がむしろ賞賛されるべき経営に移行したのです。

発想の要点

人件費を極力かけない経営スタイルにする

もちろん、肉体労働の業界や、人対人のコミュニケーションが重要な業界では、人を減らすことは難しい場合もあるでしょう。しかし、そのような業界でも、代行業者を利用するなど、極力人件費を抑える方法を研究してみることは必要です。

①通信販売業者の多くは、電話受付や商品の梱包から発送まで「秘書センター」などの代行業者に委託しているケースが多いものです。

☆検索キーワード▼「秘書センター」「私書箱設置」「発送代行」など

②言葉による説明が最小限で済むなら、海外の安い労働力を使うことができます。「写真切り抜き専門代行」に特化したサービスを1枚50円程度から、請け負う企業は、依頼人からメール添付を受けた写真を、労働力の安いインドの業者に渡し、切り抜き作業を行わせているようです。

③ある焼肉チェーンでは、お皿を重ねて運べる重箱スタイルにすることで、従業員がホールを往復する回数を減らすことができ、結果として少ない人数で営業することが可能になって人件費の節約につながりました。

④日本は、世界に例を見ないほどの自動販売機大国です。一般的なジュースの自販機だけでなく、食券の販売機や、お米の自動販売機、さらにはお花の自動販売機まで、さまざまなタイプの販売機が存在します。「あの場所であのタイプの自販機を使い○○を売ろう！」という、販売スタイル主導型の発想が使えるのが日本です。

25 その分野の「黄金比」を割り出し活用する

コンタクトレンズ販売を手掛けるジョンソン・エンド・ジョンソンでは、白目と黒目のバランスの取れた比率「1：2：1」を割り出し「瞳の黄金比率」という商標で、その比率に合致するコンタクトレンズを販売し、印象が大切な就職活動中の女性などから高い支持を得ています。本来「黄金比」とは美術の業界などで用いられているバランスがよいとされる「1：1・618」比率のことです。

これは、法則性があることを知ると、その法則に適った商品に興味を示すという、人間心理を応用した販売方法といえます。

発想の要点

携わる商品の「黄金比」を割り出し開発やネーミングに生かす

★ヒント！　具体例には次のようなものがあります

①森永乳業は、プリン博覧会の人気ご当地プリンを科学的にデータ分析し、絶妙のバランスをはじき出し、それを踏襲した商品を「黄金比率プリン」の名称で販売したところ、年商10億円でヒットといわれるプリン市場において、半年で10億円を売り上げることに成功！

②カゴメは、世界中を探して選りすぐったニンジン、トマト、赤パプリカを絶妙なバランスで製造した野菜ジュースを「やさいしぼり　おいしさの黄金比」の名称で販売。

③お肉の販売なら、赤身と脂身の絶妙なバランスを研究し「牛肉の黄金比」「黄金比率の和牛」のようなネーミングで商標を取れば主力商品になる可能性さえあります。

④受け手に「聞く耳」をもたせるために、能率的な時間比率などの統計を取り、業界ごとに「黄金の時間率」等の名称でアドバイスに用いるのもよいでしょう。あらゆる比率の出せるものに注目すべきです。「比率あるところに黄金比率あり」です。

26 「ライバル会社」を自分たちで作る

雑誌や新聞などへ広告を出す場合、同一業界の他社が少ない媒体を選んだ方が広告効果が高いのではないかと考えがちですが、多くの場合それは誤りです。

同一業界の広告がひしめき合っている媒体の方が、広告の反応はよいのです。

ちょうどパチンコ店が、ライバル店のひしめき合っているエリアに、あえて店舗を出した方が繁盛しやすいのと一緒です。
お客様心理としても、競争が激しい状態は、サービス合戦も激しいのではないかと、プラスの評価がされやすいものです。

発想の要点

競い合いを演出すれば、集客力を高めることができる

★ヒント！　具体例には次のようなものがあります

①金融業界では、雑誌や新聞に広告を出す際、姉妹店との連合で広告掲載する方法が用いられます。これは広告紙面上での活気を演出し、お客様を集めやすくするばかりか、どちらの会社が選ばれても、結局はグループ全体の利益になるという頭脳的広告方法なのです。

②ランチェスター戦略における、市場占有率の研究によれば、多くの場合、業界に占める1社の割合が74％に達すると、独占的強みは生じますが、その業界全体に対する世間の関心は薄れるのだそうです。よって、広告紙面においてもライバル会社を

自分たちで用意し、競い合いを演出する作戦は効果を発揮するのです。

③同一広告内で、どの業者も同じような価格で販売しているのであれば、価格を高額に設定しても、その価格を「業界の相場」のように認識させることができます。

④クリーニング店の集客法として、2つの店舗を隣接させ、両方の店舗で派手な金額表示を店頭にかかげ、競う演出をさせているところもあります。自社競合は当然マイナスに働く場合もありますが、プラスに活かすこともできるということです。

27 欠点をセールスポイントに変える

短所は見方をかえれば長所になるものです。もし**仕事の中で、欠点だと感じられるようなものがある場合「それを逆手《さかて》にとれないか？」と考えてみる**ことです。

例えば、人手不足で土のついた状態の野菜を発送しているのであれば、それを欠点だと考えず「とれたての野菜を畑から直接お届け！」と利点として訴えることもできます。このように「逆手に取る考え方」はマイナスを一気にプラスに転じる、とても価値の高い発想法です。

発想の要点　**欠点には「それを逆手に取れないか？」と反応する**

①時代遅れのサイズの大きな在庫のラジオを「大きくて高齢者にも使いやすい！」とアピールしたことで完売。

②古めかしい物件を扱う場合「ヴィンテージ」「アンティーク」「レトロ」などの表現を用いるのが不動産業界では一般化しています。

③明らかに高いと思える広告を、金持ち経営者に売る業者の知恵に、次のような説明方法があります。「この商品は高くて購入者が少ないため、利用していただければ確実に目立ちます」。

☆**【推薦書籍】『気絶するほど儲かる絶対法則』石原明 著**

④あえて多少の難点をアピールし**「訳あり商品」**と銘打って売り出してみる。訳あり商品を探し出すことを生きがいにしているような人を、この5文字が集めてくれるのです。訳あり販売は一種の販売テクニックとなっている昨今です。

28 失敗法則を知り逆算する

私は経験に裏打ちされた、極めて確率の高いノウハウを知っています。それは…？

「ことごとく失敗するための方法は、自分の使命から外れた金儲けに手を出すこと」

スキー教室で初めに学ぶことは、滑り方ではなく転び方です。上手な転び方を学んでおかなければ、大けがにつながります。経営においても、成功法則を学ぶことは大切ですが、それ以上に失敗法則やミスのパターンを知っておくことは重要です。

発想の要点

無知からくる大失敗は、知識の習得で避けられる

読書の与えてくれる恩恵は、成功よりも無知からくる大失敗を避けられる点です。

★ヒント！　具体例には次のようなものがあります

①管理能力を超えた経営は大やけどのもと。夢をもつことは大事ですが、実際の運営は、管理能力を上限にする必要があります。管理しきれないなら管理能力に長けた人間を雇うべきです。

②自分より、眼光の鋭い人間を雇ってはいけません。人間も動物ですから、顔をみて管理しきれないと思う人間は、初めから雇わないことです。

③うかつにフランチャイズに加盟してしまうと、過酷な労働を行わざるを得ない状態になりかねません。一般に、加盟店オーナーは経営者扱いのため、たとえ24時間働くことになっても、勤め人時代のように文句はいえない立場なのです。

☆**【推薦書籍】『スリッパの法則』藤野英人 著『経営のやってはいけない！』岩松正記 著『会社に潜むビジネスリスク100』澤田宏之ほか 著**

第3章

ビジネスの名言から発想しよう
― 利益を生み出す「気づき」の世界 ―

「人々は驚くことを愛する。そしてこれこそ科学の種である」

エマーソン

29

日本マクドナルド創業者、藤田田《ふじたでん》氏の指摘…①

「ビジネスは洋風であれ」

なぜか日本人はヨーロッパやアメリカの文化に憧れを感じるものです。反対に東洋風の文化には、なんとなくミステリアスなイメージや、非科学的な印象を受けます。藤田氏の指摘はそのような日本人の心理をビジネスに取り入れよとの指摘であり、日本にハンバーガー文化を定着させた偉大なる視点でもありました。

発想の要点

ビジネスは洋風や科学的なイメージで展開する

私が藤田氏の「洋風であれ」の指摘を解釈する場合「科学的なイメージを作れ」という内容を含むものに思えてなりません。つまり科学的な雰囲気を出すと、おのずと洋風になるためです。

★ヒント！　具体例には次のようなものがあります

①醤油メーカーの最大手キッコーマンでは、洋間が多くなった今日の食卓の雰囲気にマッチした「白の卓上容器」の醤油をラインナップに加え、売上を伸ばしています。

②中国や台湾のイメージが強い足ツボマッサージの業界において「英国式」を冠することで大成功を収めている「英国式リフレクソロジーＲＡＪＡ」も、店舗づくりから従業員の制服にいたるまで、すべてスタイリッシュな洋風。

③メイクやエステ業界においても「リハビリメイク」「免疫エステ」といった「医療（科学）」の雰囲気を醸し出すネーミングで成功を収めるケースが多いようです。メイクやエステなど「美に関する業界」においては、イメージだけでなく科学性が消費者の関心を引く時代になってきたといえます。

④カタカナ用語や学術用語ふうの言葉を使うことで科学的に思わせることができます。例えば「マイクログラインド製法による○○」「人間工学に基づく○○技術」など。

30 日本マクドナルド創業者、藤田田氏の指摘…②

「ビジネスを成功させるためには『女と口』を狙え」

私が思うに「口を狙え」の部分は「リピート性」のある商品を扱えと捉えてもよいでしょう。また「女を狙え」の部分は、女性の感覚を忘れるなということに置き換えてもよいでしょう。人口の半分は女性ですが、経営者の多くは男性であるため、意識しないと男性目線のみでの商品開発に陥りがちです。

発想の要点

商品にリピート性はあるか、性別を意識しているか

毎日現金が入る仕事はとてもありがたいものです。法人相手の掛け売りの場合、約束の期日にしっかりお金が得られるかという不安がつきものです。毎日現金が入るまではいかなくとも、業種を選ぶ際、定期的に安定した収入が確保できる業界かという視点はとても大切です。

★ヒント！　具体例には次のようなものがあります

①「リピート特性のある商品を加える」という意味の中には、その商品自体のリピート購売利益が得られるほか、お店を訪問する回数が増えるという利点もあるのです。

②宗教団体が新聞を発行するのも、教義の普及という意味のほか、毎月定期的に自動引き落としで、財源が得られるという理由が大きいのです。会員制の情報提供を行うなどの方法で、毎月固定収入を得る発想はその意味でも経営を堅実化させます。

③ネットワークビジネスで、健康補助食品やボディーケア商品を扱うのは、それが消耗品であり、リピート性のある商品だからにほかなりません。

④女性に喜ばれることを意識した場合、サービスはおのずと丁寧になるものです。また、ネットの普及により、ブログ等の口コミ効果が大きくなった今日において、口コミ力の強い女性を意識した経営はそれだけで広告効果を高めます。

☆**【推薦書籍】『ユダヤの商法』『頭の悪い奴は損をする』藤田田 著『藤田田の頭の中』ジーン中園 著**

31 「分割払いの魔術」を活用する

アインシュタインは「世界の七不思議の次に位置する不思議は何か?」との質問に対して「それは金融における複利である」と答えたそうです。それほど複利の制度は、巧妙かつ、貸し手にとって有利な制度ということですが、複利に限らず、金融や分割払いの制度には、それ特有の企業側に有利な心理が働くものです。

金融会社に勤めていた私の経験では、**平均的人間がお金に対してリアルに計算が立つのは、自身の1ヵ月分の給料の額まで**です。そのため分割払いが長期にわたる場合、債務者の関心は「自分は毎月いくら払えばいいのか」の1点に集中し、トータルでいくら払うことになるかについては極めて関心が薄くなるのです。

また、1年が12ヵ月という中途半端な数でできていることも、分割払いの計算を複雑にしています。12回、24回、36回、48回…このような中途半端な数字が思考力を低下させるのです。

ビジネス書で、この「分割払い特有の心理」を語った本を見かけたことがないのですが、私にとっては、そのことこそがビジネス書における七不思議です。貨幣の発明に次ぐ経済上の大発明は、クレジットカードの発明ではないかとさえ感じています。

発想の要点

大きく稼ぎたいなら、高額商品を「分割払いの魔術」を使って売る

消費者の価格判断は「高い」か「安い」か「よく分からない」の3つです。日常的な金額を超えた高額商品の場合、おおよそ高いか安いかが「よく分からない商品」に該当します。高額商品は、決して高い商品という意味ではないのです。そのため、高額商品は「明らかに高いと判断できる商品」よりも売りやすい商品といえるのです。

★ヒント！　具体例には次のようなものがあります

①支払いには、クレジットカードが使えるようにしましょう。直接現金に触れさせないことが、消費者に出費のリアリティーをなくさせ衝動買いを促します。毎年カード破産が大量に出ている事実を考えてみましょう。

②分割払いではありませんが、銀行口座から毎月の会費などを**「自動引き落とし」**によって徴収する仕組みを導入することも、分割払いで高額商品を販売するケースと同等か、継続期間によってはそれ以上の利益をもたらします。継続的収入源を確保できれば経営は安定します。そのためには「解約するには抵抗がある程度の商材」を考え出せばよいことになります。自動引き落としの仕組みを取り入れたい場合は、次の検索キーワードで業者を探してみることです。

☆検索キーワード▼「収納代行」「集金代行」など

③郵便局の窓口に支払いに行かせるスタイルの**「郵便振替用紙を利用した入金方法」**も忘れてはいけません。この方法は、銀行の少ない地方のお客様や、直接郵便局員と対話できることに安心感を覚える年配の方にも喜ばれる入金方法なのです。分割払いでの販売にも検討してみるべき支払方法です。「赤い印刷文字の用紙」は送金手数料を送金先が負担、「青い印刷文字の用紙」は送金者が負担という違いがあります。

④不動産や車などの高額商品の購入を検討しているお客様は「お金がかかって当然」という一種の「覚悟」や「あきらめ」の心境になっています。ベンツの販売では、お客様からの「高いですね」の言葉に対し、営業マンは…「ベンツですから！」の一言で納得させることができます。

⑤クレジットカードを導入するマイナス点は、現金払いに比べ、カード会社からの入金は遅くなることです。そのため、資金繰りで調整が取れなくなるリスクがあるのです。渋谷の109など、若者相手の小売店が強いのは、カードを持たない若いお客様が多く「現金による支払が中心だから」という会計上の理由もあるのです。

32 「常識を疑え」に真理あり

敏腕経営者の口からはよく「常識を疑え」という言葉を耳にします。確かに、ややもすると常識に流され、何らの疑問も気づきも得られない生活を送ってしまいがちなのが人間です。優れた経営者は、着眼や疑問の持ち方が優れています。発想力を高めるために本書をお求めになった方が多いはずですが、発想は自分に対する問いかけに応答する存在です。「問い」あっての「解答」であり「発想」です。本書を活用し、自分に対する問いのバリエーションを増やしましょう。

発想の要点　**常識を疑えば、世界を広げることができる**

★ヒント！　具体例には次のようなものがあります

①ブライダル業界では、ウエディングケーキを、1つの結婚式で複数売る方法を考え出しました。新郎新婦だけでなく、別のケーキを使い、ケーキ入刀の儀式を新郎新婦のご両親にも参加させるスタイルを作ったのです。1つ利用、1つ購入が常識の商品なら、このような「複数購入させるための発想」が利益の増大に直結します。

②慣習を疑う…猫の足型デザインの印鑑がヒット商品になっています。そもそも印鑑

の文字は通常の人間には読めない、いわば図形です。そうであれば、デザイン性を高めても構わないのではないか？　と慣習を疑ったわけです。丸や四角ばかりの印鑑において、星形やハート型でもいいじゃないかと疑うべきなのです。

③形を疑う…輪ゴムは、その名の通り「輪」の形であるものとの常識を疑い、動物の形にした「アニマルラバーバンド」が世界的に大ヒットしています。ありきたりなデザインに疑問を持つことがヒット商品を生むことにつながります。

④男性、女性を疑う…化粧は女性がするものという決めつけを外した化粧品業界は、今日男性用化粧品の市場を大きくしています。

⑤順番を疑う…「商品を作ってから集客」を「集客してから商品を作る」という逆発想があります。「もし、自分がこのような本を書いたら買ってくれますか？」というアンケートを取り、そのデータを出版社にアピールすることで、本を出すことに成功した敏腕コンサルタントも存在します。

⑥地域の常識を疑う…恵方巻はもともと大阪の習慣でしたが、コンビニ業界の営業努力の結果、全国区になりつつあります。

⑦常識を疑う視点のほか**常識を「作る」視点**も存在します。新しい分野を開拓すれば、自分に都合よくルールや業界の常識を作ることができるわけです。アメリカが、あらゆる分野で自国のスタイルを国際標準化しようと力を入れる理由がここにあります。「標準を作っておいて傘下に入れる」発想です。

33 「節約は収入である」の具体例

「金持ちにケチが多いのはなぜか?」

それは…金持ちは、ケチることの方が、稼ぐことより費用対効果が高いことを知っているからです。…いえ、ホントは性格の問題であることが多いのですが、このように表現した方が、ケチの効能を理解しやすいと思って書かせていただきました。

利益率が10％なら、従業員に毎月1000円多く稼がせることより、毎月かかる100円の無駄をカットする方がはるかに簡単なはずです。毎月の100円のムダは、毎月1000円売上を出すことに匹敵することを理解しなければなりません。

発想の要点

税金と経費を考慮に入れた金銭感覚を養う

お金に対して、税金と経費を考慮した金銭感覚を養うことが経営者への道です。所得の多い人の話の中で、よく「半分は税金で持っていかれますから」という言葉を耳にします。その人の場合1000円の買い物をするのには2000円稼ぐ必要があるのです。経費や税金の感覚は、従業員や子供にも教育すべきです。

★ヒント！　具体例には次のようなものがあります

①20万円のノートパソコンを1台万引きされた場合、薄利多売の集客商品として売っている5千円のマルチドライブなら300台売らなければ元が取れません。（涙）

②極力、人手をかけない工夫を随所にすべきです。例えば、ホームページに「よくある質問コーナー」や「Q＆Aコーナー」を設けておくだけで、メールでの質問を減らすことができます。ネット通販における問い合わせの大多数は「商品の発着にまつわる内容」です。

③どの業界でも作業がスムーズにいく備品を選びましょう。能率を意識したデザインを選択すべきです。備品選びのチェックポイントは(1)堅固さ(2)デザイン性(3)掃除が楽か（4）気を使わなくて済むか（5）扱いに時間がかからないかなどです。

④飲食店なら「ガラの悪いお客さんをイライラさせた状態で待たせている場面」を想像しながら備品選びをすることです。「こんな造りでは片付けに時間がかかる」と冷や汗の出るような備品は選ばないことです。

⑤洋風のホテルでも、部屋での着替えが浴衣調のデザインなのは、サイズを気にすることなく、お客さんに着ていただけるデザインだからです。

⑥温かい食べものを提供するお店の場合「浅いお皿」を用いれば早く冷めるため、お客さんの回転をよくすることができます。

⑦お店が混んでいる時に、次から次へとお客さんをさばくことは難しいものです。入店できない事態も生じます。インターネット特価のような割引価格が実施できる理由も、このような「取りこぼし」による機会損失がないためでもあります。

⑧従業員の定期券は必ず毎月チェックする。携帯電話だけしか持たない人間が多くなった今日においては、会社の近くに引越していても、住所変更の事実は把握しにくいものです。乗り継ぎ通勤においては、いつの間にか自宅付近のバス通勤が、自転車通勤に変わっていることさえあります。チェック体制を厳しくすることは解雇理由を作らないための「経営者の愛」であることを入社当初から伝えておくことが重要です。

34

「生き金を惜しむな」の活用法

お金の使い方を3つに分類すれば次のようになります。

【投資】＝買ったものが支払った額以上の価値がある。
【消費】＝買ったものが支払った額の価値と同じ。
【浪費】＝買ったものが支払った額より価値が低い。

購入の際、投資や消費だと思っていても、長い目でみれば明らかに浪費だというケースが多いものです。私の場合、注意はしているものの、それでも机の引き出しやクローゼットの中を覗けば、ほとんど使っていないものをみつけることができます。

発想の要点

「ケチに徹し生き金を使う」…浪費をなくし、投資を増やす

生き金を使うべき時のために「浪費は一切しない」という誓いを立てるべきです。

★ヒント！　具体例には次のようなものがあります

①中古のボロボロなフェラーリを購入し、フェラーリ所有者だけが参加できるイベントに加わることで「富裕層の人脈構築」に成功した、生き金使いの達人もいます。

②高額なセミナーに自らも参加し、そのセミナー参加者に「本を書きませんか？」と声をかけることで好成績を納めている出版プロデューサーも存在します。

③投資の中で、昔から最も効率がよいとされているものが「自己投資」です。しかし「提供を前提にしない自己投資は趣味である」と認識すべきです。仕事など他人への提供の要素のあることに活用しようとする意識がなければなりません。

④昨今「断舎離《だんしゃり》」という、自分とモノとの関係を問い直し、不要・不敵・不快なモノとの関係を〝断ち・捨て・離れ〟という考え方が注目されるようになりましたが、

裏を返せば、それだけ人間は、元来無駄なものを購入してしまう性質があるということです。売る側としては、断舎離思想を忘れさせるような、感情を揺さぶるテクニックを、これまで以上に学ぶ必要が出てきた時代だといえます。

☆**【推薦書籍】『衝動買いしてもらう21の法則』齋藤孝太 著**

⑤時間の節約に役立つものへの出費は積極的に判断すべきです。典型的な例が、パソコンの買い替えです。年々性能はグングン向上していますので作業時間が大幅にアップします。これをお金がかかるからという理由で買い替えをためらっていては、切れない斧を研がずに使い続けるようなものです。

35 「人を知る」はビジネスの要

サッカーの神様ペレの言葉に、次のような名言があります。

「ボールが丸いことを理解しろ」

「人間とは何者か?」あまりにも大きな問いですが、お客様は犬でもなければ猫でもなく人間です。そのため、ビジネスにおいては人を理解することが最も重要なことだといえます。「心理の理解」「欲求の理解」が大切です。

一般に、販売戦略を考える場合、(1)誰に、(2)何を、(3)どのように、(4)どこで、(5)いつ、(6)なぜ、の6つの要素を考えます。しかし、人を最も重要視すべきなのは、売り手と買い手の双方が人だからです。一貫性に欠ける経営展開が失敗に終わることが多いのは、信用が疑われるからです。「誰が」「どこの会社が」という提供者側の要素も十分考慮に入れた判断をしなければなりません。

発想の要点

ビジネスは「人」を軸に考える

★ヒント！　具体例には次のようなものがあります

①『サービスが伝説になるとき』の著者ベッツィ・サンダースによれば、企業が顧客を失う理由の68％が「従業員の無関心な態度」だということです。人間には、他人に存在を認識してもらいたいと願う、根本的かつ強烈な欲求があるのです。

②お金をかけずに、料理の味を良くする魔法の経費削減法があります。それは…？「従業員の接客態度を良くすること」です。気分と味覚は連動します。商売を繁盛させる重要なポイントは、このような「タダでできることを極めること」なのです。

③カレーチェーン「ＣｏＣｏ壱番屋」創業者、宗次徳二氏の著書によれば、お客様アンケートを分析した際「待たされた」というクレームには「態度も悪かった」と書

かれていることが多いそうです。また「悪い評価」で常に上位にくるものは「注文のとり方」と「提供の遅さ」それに「私語」の3つだということです。

☆**【推薦書籍】『CoCo壱番屋　答えはすべてお客様の声にあり』**宗次徳二 著

④サービス業の世界では、新人教育の一環として、社内の掃除やゴミ拾いを徹底的にさせるという企業があります。これは単に会社をきれいにするという意味だけではなく、掃除を通じて、関心を外に向けさせ「観察力」を養わせることを目的にしています。つまり、サービス業は関心を「お客様」という自分の外に向ける仕事だからです。

⑤心理学者のマズローは、欲求には段階があるという「欲求の段階説」を説きました。しかし、ビジネスでこの考え方を用いる場合には、人間は段階を追って「何に不満を感じ始めるか」と捉えた方がアイデアは出やすくなります。だから「不満の段階説」と読むべきです。お客様の置かれた立場や、成長段階に応じて求められる商品は変わってくるということです。その理由からも、たとえ固定客がいても商品は固定であってはならず「変化適応」の考え方が必要です。

36

「雨が降れば傘をさす」

言わずと知れた経営の神様、故・松下幸之助氏の言葉ですが、すべては天地自然の理法に基づいて行動していればよいのであって、たとえば雨が降ったら傘をさすようなものである、人にとって大事なのは素直な心であることを説きました。私には素直な心で対応策を考えよという指摘にも思える言葉でした。

発想の要点

「傾向と対策」…傾向を知り、対策を講じておくことが大事

★ヒント！　具体例には次のようなものがあります

①特殊なサービスを当たり前のように要求してくるお客様に対しては、そのサービスもオプションで用意できることを伝え「料金はいくらになりますが」と告げれば、

多くの場合「だったらいいや」と引き下がるものです。料金表などの隅に、予め「各種オプションも別料金で承ります」と記載しておくのも一法です。

②従業員に、息が臭い、足が匂うなどといった伝えにくい注意を伝えやすくするために、予め注意事項の「チェックリスト」を作っておき、それに沿ってチェックをしていくという方法を採用している飲食チェーンもあります。自分より年上の後輩に注意しにくいという、若い女子社員からの提案から生まれた対策です。

③財布を忘れたお客様へ対応するケースなどでは、身分証明書や、電話番号を聞き出すといった伝えにくい指示を出さなければならないものです。このようなケースに備える方法も「書き込み式の用紙」を予め用意しておくことが役立ちます。これにより「こちらにご記入をお願いいたします」と告げるだけでよくなります。用紙がない場合、お客様と担当者との「人間対人間の交渉事」のような展開になりがちであり、思わぬトラブルへ進展してしまうこともあるものです。

④問題を解決しなければならない場合、解決法を考えるのと同時に、問題を発生させ

ないための方法を考えることが大切です。その場合「そもそも」で考え「おのずと」になるよう対策を考えてみることです。

☆【推薦書籍】『道をひらく』『人生心得帖』『商売心得帖』『実践経営哲学』
『社員心得帖』『松下幸之助「一日一話」』松下幸之助 著

第 4 章

「大きな知恵」を「身近な知恵」へ加工しよう！

― ニュース記事から応用する方法 ―

「複雑なものはうまくいかない」

ピーター・ドラッガー

37 ダイナマイトの発明を「納豆の販売」に応用するには？

ダイナマイトの発明で莫大な財産を築いたアルフレッド・ノーベルは、自身の発明したダイナマイトによって、大勢の人の命を奪う結果になったことを悔み、遺言によってノーベル賞を制定しました。

毎年、ノーベル賞受賞者へ贈られる賞金が、すべてノーベル財団が銀行から得る預金の「利息」だけで賄われていることからも、ダイナマイトのもたらした利益が、いかに莫大なものであったかが分かります。

ダイナマイトの発明は、液体のニトログリセリンを固形にすることで、安全に運べるようにしたというシンプルなアイデアでした。

発想の要点

商品の「状態」を変えることでヒット商品を生むことができる

★ヒント！ 具体例には次のようなものがあります

①納豆の販売を手がけるミツカンでは、それまで納豆につけていた液体のタレを、ゼリー状にして容器の中に添えることで、箸でつまんで納豆と混ぜる事ができるようになり、ビニールを破く手間と、手を汚す不安を解消することに成功し大ヒット。

②バリエーションを設ける販売方法を採用している代表的な商品といえば「薬」があげられます。同じ成分でも、錠剤、粉末、液体といった複数のタイプが存在します。

③スリムなスライド式ケースに入った、タブレット型の携帯石鹸「ソープタブレット」が人気商品に。「1粒使いきり」で、外出先で利用するために便利な石鹸です。

④今では、定番商品になった「泡が出るハンドソープ」ですが、液体石鹸を手に出してから泡立てる手間が省けて、忙しい現代人の時間節約に大貢献しています。

⑤まずは、今ある商品の状態を次のように変更したなら、どのような利点が生まれ、ど

のような人に受け入れられるか考えてみましょう。固形にしたなら？液体なら？ゲル状なら？ゼリー状なら？スプレー式なら？粉末なら？タブレット状なら？ムース状なら？フィルム状なら？

38 「AKB48」のファンづくり戦略を導入する

アイドルグループ「AKB48」は、CD購入者に投票権を与え、毎年メンバーの人気投票を「総選挙」という形で実施。その白熱ぶりは社会現象とまで呼ばれたほどであり、彼女らを国民的アイドルグループにした演出法の1つとされています。

発想の要点

「お客様参加型」の企画は、お客様の積極性を作り出す

お客様に「発表の場」や「活躍の場」を与えることは、お客様のもつ「社会的欲求」を満たす効果を与えます。人間には、自身が脇役ではなく「主役」として活躍できる場を求める心理があるのです。つまり、お客様の「意見の発表の場」「存在の主張の場」「活躍の場」などの提供を加えることで、お客様を積極的に動き出させることができるのです。

★ヒント！　具体例には次のようなものがあります

①妊婦さんや、赤ちゃんをもつお母さんを対象にした、いわゆる「赤ちゃん雑誌」では、出産後の読者の赤ちゃんの写真を掲載する企画を実施しています。多くのお母さんは、わが子が掲載された雑誌を親戚に配るため、複数購入する結果になるものです。類似の企画は、ペット雑誌や趣味の雑誌などにも多くみられます。

②「ユニクロの悪口言って100万円」…これは1995年、全国の新聞に、ユニクロが載せた伝説の広告です。クレームを言っただけで100万円がもらえるのかと、届いたクレームの総数は、なんと一万件。このお客様からの貴重な意見をもとに、ユニクロは大幅なサービスの改善を行うことができました。

③大丸東京店では、唐揚げ店5店のランキングを投票でさせる「唐揚番付」の企画を実施。結局いずれの店舗も完売される大盛況の結果をもたらしました。

④セミナーの集客力を高めるための方法として、当日の参加者が、他の参加者にメッセージを伝えることのできる「発表の時間」や「名刺交換の時間」を設けているものです。こうすることで「多くの人にアピールしたい情報を持っている人」も集客できるわけです。

⑤イベントの企画をする場合も、他の参加者にパンフレットを配布するためのテーブルを設置することを告知すれば、参加する判断材料の1つを加えることになります。

⑥SNSなどの発達により、これまでの「広告を見せる」という視点に加え「お客様を巻き込む」という視点も大切になってきました。

⑦クイズはそれ自体がお客様参加型です。クイズには「問題」と「回答」というコミュニケーションの要素が含まれているからです。

39 「休眠口座」の預金総額、毎年800億円～900億円発生！

金融機関は、最後にお金を出し入れした日や、定期預金の最後の満期日から10年以上放置された預金のうち、預金者と連絡が取れないものなどを「休眠口座」に分類していますが、単に引き出しを忘れた小額の預金から、相続がらみの大金など、すべてを合わせると、その額なんと！　毎年800億円以上にもなるそうです。

発想の要点

人の持つ「忘れる習性」をビジネスに使えないか検討する

切手や回数券などもそうですが、前払い式で購入させた場合、必ずといっていいほど「未使用」に終わるお客様が発生するものです。

★ヒント！　具体例には次のようなものがあります

①期限付きの割引回数券を発行すれば、割引をセールスポイントにした販売促進効果が生まれるだけでなく、割引率によってはトータルでプラスになる場合も多い。

②通常3万円で商品を販売するより、定価を5万円にし「今なら2万円のキャッシュバック」という謳い文句で販売した方が、商品を高級に見せられるばかりか、キャッシュバック期間内に、キャッシュバックの要求をしてこない購入者も出るという2つの利点をもたらすことができます。

③「忘れる」という人間の習性のほか「面倒くさがる」という習性も類似の心理として覚えておくべきです。解除の手続きが面倒だという理由で、小額の支払いを毎月続けてしまうネットサービスの利用者心理などがそれにあたります。

④アメリカのある企業では、返金保証期間を、それまでの「商品到着後10日以内」から「商品到着後1年以内」に変更したところ、注文数が増えたばかりか、予想外の結果として、返品してくる数も減少したということです。

⑤某金融業者は、保証人にも3ヵ月に1度印鑑証明書を提出させる特約を結び、保証人がうっかり印鑑証明書の提出を忘れるや否や、契約違反を理由に不動産を取り上げる手口で荒稼ぎをしていました。

⑥心をつかむサービスに、この「忘れる習性」を応用するなら、期限の切れた回数券などを提出したお客様に対しては「いつも利用していただいておりますので特別に～」という具合に、親切を提供するチャンスとして利用することができます。また、期限つきの回数券などを導入すれば、会員制のエステなどでは、期限が近づいていることを知らせるなど、コミュニケーションをとるキッカケとして利用することもできます。

40 大規模なM＆A（企業買収）の話も「身近な知恵」として応用できる！

マスコミではよく、大企業のM＆Aの話が取り沙汰されます。M＆Aを繰り返し、短期間で急成長した企業の話などは、小規模経営の人間からすれば、自分には縁遠い話のように思われるかもしれません。

何か事を進める場合に、最もエネルギーを必要とするのが「スタートの時期」です。先の見えない不安な状態で事業をスタートさせることに比べ、すでに軌道に乗っている企業を「引き継ぐ」という考え方は、堅実に事業を拡大させるための王道といえるすばらしいアイデアです。

そのため、M&Aを「負担の大きいところを他人に代行させる考え方」と捉えてみれば、大企業のみならず、多くの人に応用可能な「経営上の知恵」になるはずです。

発想の要点

引き継ぎスタイルで進めれば、初期負担を軽減できる

★ヒント！　具体例には次のようなものがあります

①飲食店のチェーンにも、閉店した他店の中古物件を利用する、いわゆる「居抜き」により店舗を広げている企業も多いものです。新しいビルを利用する場合、内装や

備品据え付けの工事が大きな負担になりますが、それ抜きの最低限の費用だけでスタートさせることができます。

☆**【推薦書籍】『小さなお店の買い方・始め方』柏木珠希 著**

②Webサイトの運営に応用するなら、ヒットするかどうかわからないサイトをゼロから立ち上げるより、すでに人気のあるサイトを買い取るスタイルが堅実といえます。サイトの売買の仲介を専門に手がけている企業も存在しているほどです。

③一気にメールマガジン読者を増やしたいのであれば、配信の滞っているメールマガジンを引き継ぐというのはどうでしょう。つまり休眠メールマガジンの買い取りです。配信人の入れ替えが禁止されているなら、原稿だけを代行させてもらえないかとお誘いするのもよいでしょう。

④引き継ぎにより負担を軽減させる典型例が「中古品の利用」です。とかく中古品は、マイナスイメージのもたれるものですが、前の利用者に代金を一部負担してもらえた商品と考えてみるのはいかがでしょうか。

41 ギネスブックを商法の1つと捉えれば…

人が他人を認めることは、法律に制限がない限り、誰が行っても構わないものです。特定の団体から認定されることが商品価値を高めることや仕事をしやすくなることにつながるのであれば、認定を受ける側も積極的になるものです。

世界的に有名な民間の認定機関といえば、イギリスのギネス社が行っているギネスブックの認定や、ベルギーの民間団体が実施しているモンドセレクションの認定などが有名です。特定の分野で「認定するに値する事実や能力」があるなら、その認定業務を行うことで、ビジネスになります。

発想の要点

事実や能力を「認定」するサービスを提供する

人が自信を得るためには、他人から認められる必要があります。「自信は他信が得られて初めて芽生える性質のもの」だからです。「承認欲求」は人間の持つ根本的な欲求の1つです。「認定ビジネス」は相手の存在価値を認め、相手に自信と前向きな姿勢を与えることのできるすばらしいビジネスです。

☆**【推薦書籍】『承認欲求・「認められたい」をどう活かすか？』太田肇 著**

★ヒント！　具体例には次のようなものがあります

①認定ビジネスを成功させる秘訣の1つは、認定団体の名称を業界最大手に感じさせることです。「日本○○協会」など、ストレートな名称を用い、団体名については商標登録をしておくことが大切です。

②ビジネス上のブランド作りに役立つ登録なら、申請料や登録料は「経費」という感覚になるため、申請料に対する抵抗は薄れます。

③日本記念日協会では、特定の日を「○○の日」と登録するサービスを実施していますが、もちろん国の機関が運営しているものではなく、個人がアイデアで始めた認

定ビジネスです。登録料1件7万3500円ですが、私の知人も喜んで登録していました。この記念日登録のアイデアがすばらしいのは、特定の日を別の記念日として重複して登録されても構わない点にあります。登録料のほか、登録を証明する登録証が必要な場合は、別途1件1枚につき3万1500円徴収している点も巧みです。(2012年4月時点)

④付帯的なビジネスとして「申請代行」で稼いでいる方も存在します。ギネスの申請代行や、モンドセレクションの申請代行です。民間団体への申請代行ですから、官公署関連の代行ではないため、行政書士の資格がなくてもできるわけです。しかし、逆発想として、行政書士などの士業の方が業務の類似性から、副業で行う考え方もよいでしょう。

⑤優良顧客に、そのお店独自の「肩書」をプレゼントしているショップも存在します。「○○ショップ認定公認アドバイザー」の肩書をプレゼントすることで、ステイタスの1つを提供しているわけです。タダでできる優れた固定客づくりの手法です。セミナー運営のノウハウにも「非常勤講師」の肩書を与える誘い方があります。

42 日本の伝統「家元制度」をビジネスに？

日本にあって世界にはあまりみかけない仕組みに「家元制度」があります、茶道の表千家や裏千家、華道の池坊などが代表的ですが、家元を中心として流儀の統率を行う制度です。ビジネスにおいて「家元商法」といった場合、本部の定めたルールに従い**「のれん分け」**をしていくことで収益を上げるビジネスモデルです。

発想の要点

人間は、仕事を手に入れるための投資には積極的になる

前述した「認定ビジネス」が、第三者的立場で他人の能力や事実を認定するのに対し「家元ビジネス」は、団体自らが育てた受講生などの能力を認め、のれん分けしていくスタイルであり**「教育＋資格」**のビジネスモデルと捉えることもできます。

★ヒント！　具体例には次のようなものがあります

①業界団体の中には、登録に際し、自らが主催するセミナーを受講させ、終了後の試験に合格することを条件にしているところが多いものです。これにより(1)受講料、(2)受験料、(3)合格後の登録料の3つの課金理由になるのです。

②人間には**「サンクコスト効果」**という「努力は無駄にしたくない」という心理が働くため、苦労をすればするほど「せっかく勉強したんだから無駄にはしたくない」と考えるようになり、簡単に登録させる場合に比べ、受講、受験、登録という、より多くの収益を一人の顧客から得ることができるようになるのです。

③**「等級」や「段位」などを設けることで受験料と登録料を複数回徴収できます。**家元ビジネスに限りませんが、同一人から複数回課金するための重要なノウハウが、この「段位」や「等級」「有効期限」などを設ける知恵なのです。

④合格、不合格のどちらかの通知が送られてくると待ち構えている受験生に、なんと

「仮合格」という微妙な通知を送り、補修講座に参加させている民間団体が存在します。「あとちょっと」と思わせることで、ほぼその講座は受講されています。

⑤20世紀は企業の時代でしたが、今世紀はコミュニティーの時代です。趣味仲間のコミュニティーが、それまでの信用をもとに家元商法を導入するケースも、今後は増えてくるでしょう。

⑥法人が行う場合、必ずしも法人名と同じ名称で活動する必要はありません。法律の制限がない限り、税務署に内部組織だと分かるようにしておけばよいわけです。

⑦今日、教育分野や、技術系の分野において、本部の定めるセミナーなどを受講することで、講師資格を付与する「認定講師制度」を採用する団体が増えてきました。

☆**【推薦書籍】『一気に業界Ｎｏ．１になる！「新・家元制度」顧客獲得の仕組み』前田出 著**
『認定セミナー講師 成功マニュアル』伊藤琢磨 著
『顧客を惹きつける究極の経営戦略『会』をつくろう』山本伸 著

43 世界初の電卓を売り出した際のシャープの作戦とは？

シャープが世界初の電子式卓上計算機を発売した際に用いた「販売価格の工夫」はとても参考になります。当時の販売価格は53万５０００円でした。この価格設定は、当時の大企業の多くが、50万円以下の備品の購入は部長決済でよく、それ以上だと重役決済になるからというのが理由でした。

つまり、一割値引けば部長決裁で通る50万円以下になるという「商談をする際に都合のいい価格」にしたのです。

発想の要点 **お客様の出せる最大の金額を割り出し価格設定をする**

★ヒント！　具体例には次のようなものがあります

①若い人の持つクレジットカードの「ショッピング枠」の上限が30万円に設定されて

いることが多い点に注目した某経営者は、上限枠一杯の「税込30万円で買える商品」を売り出し、リストをもとに、カードが発行されたばかりの人を相手に教材を売る戦略で、短期間に大きな利益を生みました。

②売れ筋の商品と同様に「売れ筋金額のポップ」も存在します。日本人の、末尾が80円であることを好む傾向に準じた「買いやすい価格設定」があるのです。大きな文房具店に行けば、480円、780円、980円、1480円、1980円といった「売れ筋金額のポップ」が細かく販売されています。文具メーカーが既製品のポップを販売するほど「買いやすい価格設定」には人間心理が働くのです。

③値下げのみが商品を売りやすくする方法かといえば、決してそうではありません。逆に「〇月〇日から値上げいたします」など、値上げの告知によって精神的なプレッシャーをかける販売方法もあるのです。

④商品のセールスポイントをつくる際は「カロリー2分の1」「Wバーガー」「チーズが2倍」など「2倍、W、2分の1、半分」といった言葉を使えるような企画を出

すことが有効です。これは、**人間には「半分で済む」「いつもの2倍」という価値と価額のバランスが伝わると購買に積極的になる心理がある**からです。

⑤価格に関する人間心理で覚えておくべきは「予算を多少オーバーしても許容される範囲がある」ということです。例えば5万円の予算でスーツをの購入を予定していた場合であっても、売り場で見つけた気に入った商品が57500円だったなら、妥協して購入してしまうといった許容範囲です。商品にもよりますが概算金額のおよそ15％程度までなら許容される傾向にあります。この許容範囲ギリギリで価格設定をすることが利益の増大に直結するのです。

☆**【推薦書籍】『一瞬でキャッシュを生む！価格戦略プロジェクト』主藤孝司 著**

44 世界的ベストセラーの理由

ロバート・アレンの『原因と結果の法則』は、なぜ世界中でベストセラーになったのでしょうか？ もちろん内容が素晴らしかったからというのが最大の理由です。しかし、もう1つ大きな理由があります。それは…「本国イギリス以外での著作権を放棄していたから」です。

つまり、イギリス以外の出版社は、著作権料を払わずに売れる、内容の良い本ということで、次々に積極的に売り出していったからなのです。

発想の要点

「権利切れ」や「権利のないもの」に注目する

「権利切れ商品」を扱う利点は、使用料を払わずに利用できる点だけではありません。消費者がすでにその商品価値を認識しているため、内容の良さをアピールする苦労なしに、その商品を売ることができる利点もあるのです。これは、最近多く見られるようになった「復刻版商品」の販売における利点と同じです。

★ヒント！ 具体例には次のようなものがあります

①古い映画のＤＶＤを「20枚で10000円」などの破格な値段で販売しているＴＶ

通販などを目にしますが、これらの多くも著作権の切れた映画の販売です。

②文学作品などは、基本として作者の死後50年が保護期間になりますので、著作権切れした文学作品を探したいのであれば「命日データベース」などのサイトを利用すれば、作家などの「死亡年月日」を容易に知ることができます。

☆検索キーワード▼「命日データベース」「没年月日　一覧」など

③法律の条文や単なる事実、政治家の演説などには、原則的に著作権が存在しません。利用にあたっては、例外規定などの注意が必要ですが、このような自由に利用できる素材をベースに、それに付加価値をつけて販売する方法を研究してみましょう。

④著作権切れの作品であれば、そのまま販売しても構わないわけですが、何らかの加工や解説を加え、オリジナルの「新たな著作物」として独占できるようにした方が利益は大きくなります。

⑤加工の方法としては、文章なら音声化や映像化など、二次利用的方法を検討してみるわけです。外国の作品なら「語学教材用の素材」としても使えます。

⑥一見、権利がありそうで、ないものの1つが「香り」です。香水などの香りは、それ自体には権利がないのです。商品名には、シャネルやディオール、ブルガリといった商標権が存在するため保護の対象とされますが、同じ調合で作った香水自体には権利はなく、別の商品名で販売すれば問題なしということになります。

⑦基本的なところでは、特許や実用新案として登録されたアイデア商品も、権利が切れた後は自由に商品化できるのが基本です。特許電子図書館のホームページからキーワード検索してみましょう。権利化されなかったり、当時は売れなかったアイデアの中にも、今なら売れる商品も多く存在するのです。

☆検索キーワード▼「特許電子図書館　初心者向け検索」

45

「是か非か」…軍事産業に学ぶ知恵

「地雷」を製造している軍事企業が、戦争後の「地雷除去機材」も独占販売していると聞いた場合、なんともやりきれない思いがします。このようなスタイルの商法を「マッチポンプ商法」と呼びます。マッチポンプは、マッチで放火した後、火事で困っている人を相手に、ポンプの水を売るような自作自演のごとき行いです。

しかし、マッチポンプを一種のアフターフォローと考えれば、発想のヒントになります。手荒れの原因となる「洗剤」を販売している企業が「ハンドクリーム」も販売するといった場合、お客様の要望にも応える関連商品でもあり喜ばれる商品展開といえます。

発想の要点

「困らせて改善策を提示するスタイル」を柔らかく行う

★ヒント！　具体例には次のようなものがあります

①洗剤メーカーの販売戦略の1つに、普段あまり気づかない汚れに注目し、その事実を指摘することで、売れ筋商品を作る手法があります。「風呂釜の汚れ落とし」や「洗濯漕の汚れ落とし」「ポットの汚れ落とし」など、多くの消費者は指摘されるまで気づかない汚れでした。**「指摘＋改善商品」**のマッチポンプ的ビジネスモデルですが、衛生面の向上に貢献する商品であり、有効な経営戦略だといえます。

②オリジナル商品を作り、汎用品では代用できない「それ専用の関連商品」を売ることも利益を上げるための方法です。盗難防止用の特殊な形状をしたボルトと、それ専用の工具を売り出すといった手法です。

③キャバクラのビジネスモデルは、お酒により判断能力を低下させたうえで、さまざまなお願いごとをする点にポイントがあります。判断能力を下げさせることは、見方を変えれば、お店側が「意図的にお客様が抑えられない欲求を作り出すこと」です。

④読ませる広告文章のテクニックも「マッチポンプ式」にあります。例えば「なぜ○○なのか?」調の問いかけをすることによって「解答を知りたくなる欲求」を作り出すことができます。**疑問の投げかけには「欲求創造の効果」があるのです。**

⑤「ご当地検定」など、ユニークな民間検定試験が花盛りなのは「試験の実施＋対策本の販売」という、主催母体である出版社が本を売るためのマッチポンプ的ビジネスモデルだからです。

第5章

応用自在！ビジネスアイデア発想法「メガサンプル発想法™」「チェックリスト発想法」

「人が想像できることは必ず人が実現できる」

ジュール・ヴェルヌ

1

アイデアの性質

●発想法以前に考えるべき「アイデアの性質」とは?

アイデアには生物性があります。生物である人間が生み出すものですから、アイデアにも生物性があるのです。優生遺伝、出産、成長、一人歩き、さらには、結婚など、生物とまったく同じ性質をみることができるのです。またアイデアの素材である情報にも同じような考えがあてはまります。

かけ離れた情報同士を組み合わせた場合、革新的なアイデアが生まれることがありますが、それは、国際結婚の際に優秀な子供が生まれやすくなる優性遺伝の働きと同じです。また、発表されたアイデアは、考えた人間にすら分からないところで利用されるなど一人歩きするものです。生まれたアイデアは別の情報と組み合わせることで、さらに進化するものです。これらはすべて生物の性質と同じだといえます。

「アイデアは生物だ」と考えれば、これまでとはまったく違った視点で発想を捉えることができるはずです。たとえ論理的にアイデアを導き出す場合であっても、インスピレーションは必要です。生き物だと考えれば「情が通い合う関係」を作ろうと思うようになるのではないでしょうか。そこが大切です。

アイデアとは何ぞや？

「アイデアとは、現状と理想との隔《へだ》たりを埋めるために間に挟むもの」です。言葉遊びのようですが、アイデアは「間」に入れるもの「愛だ」などとよく言われますが、私もその考えは正しいように思います。

「事をスムーズに運ばせるために中間に噛ませる段取り」や「そもそもの問題をショートカットするための策」と捉えることもできます。いずれも現状と理想をつなぎ合わせるもの、つまり「結合」させるものがアイデアです。

「現状」と「理想や目標」との間が埋まらない状態を「問題を抱えた状態」と呼ぶのであれば、その隔たりをつなぐパイプ役になるものがアイデアです。

また、アイデアを生み出し方から捉えた場合「アイデアとは既存の要素の新しい組み合わせである」というジェームス・W・ヤングの言葉が有名ですが、私なりに表現するならば**「アイデアとは課題を解決するための記憶と記憶の組み合わせである」**といえます。

これは、人間がアイデアを生み出す場合、自分の外にある情報を一度脳に入力し記憶させなければならないことを意識した表現です。情報を入力する日々の努力が必要だという戒めの意味も含めています。

●アイデアは「言語」の中にある

「そうだ、○○するためには、○○を○○すればいいんだ!」このように気づきは、すべて言語で表現されるものです。つまり、**何かに気づくとは「言語による特定」ができたということ**です。モヤモヤしていた対象を、言語によって明確に表現できた瞬間がヒラメキです。

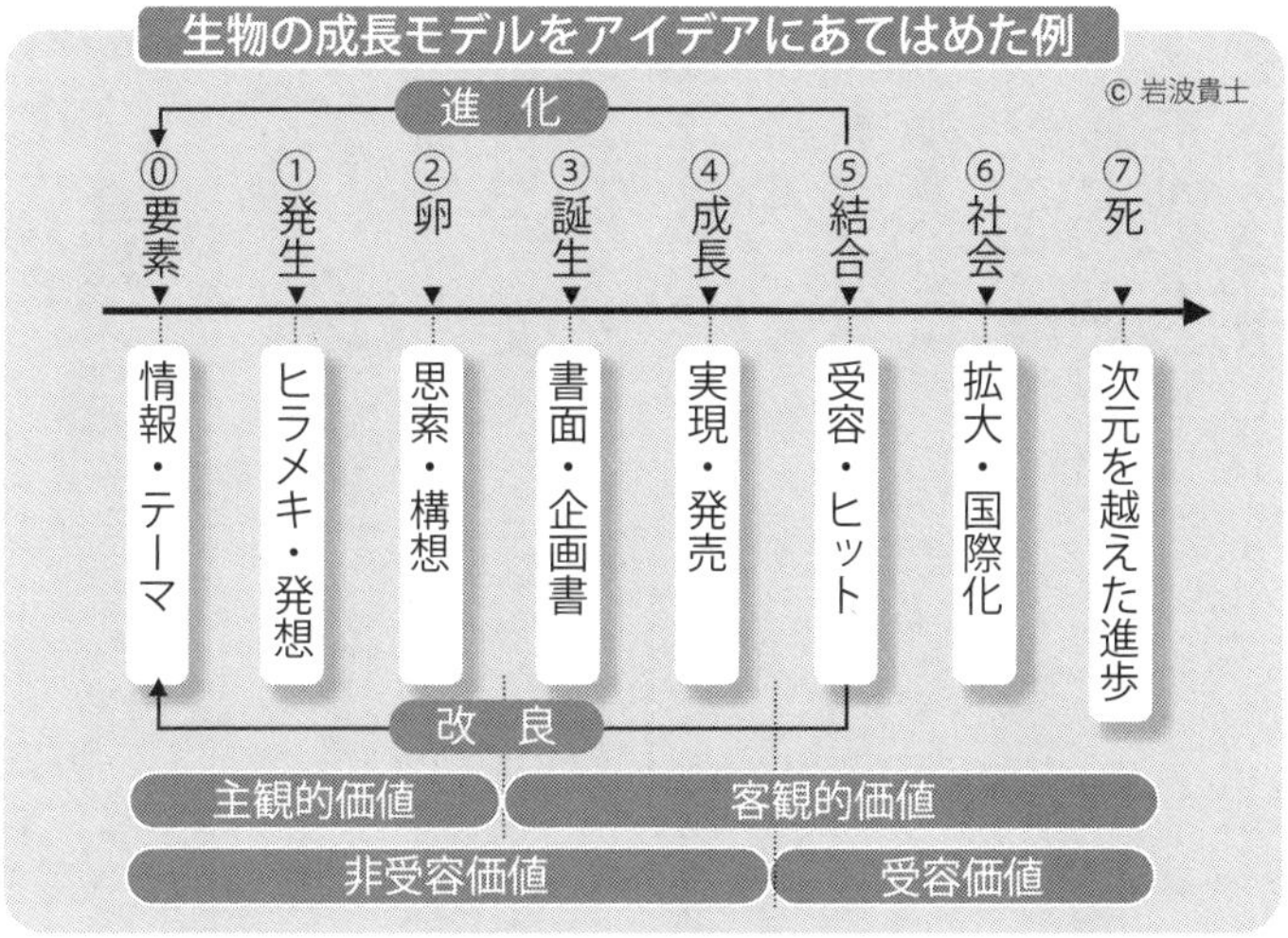

特許によりアイデアを権利化する場合も、文字によって権利内容を表現できなければなりません。文字として権利主張できないものは、例え作品にはなり得ても特許の対象にはならないのです。そこがアイデアとデザインとの違いです。つまり、**アイデアは「言語」の中にあり、言葉の組み合わせにより生み出せるもの**なのです。

考えたことを、書面に書き表した時が「主観が客観に変わる瞬間」です。頭の中で考えているだけでは社会的価値はありませんが、発表することで社会的な価値へと変化します。この段階になり、はじめて「他人に提供できる価値」に昇格するものです。

2

発想しやすい環境づくり

●アイデアが出やすい環境

中国の古い文献に「馬上《ばじょう》、枕上《ちんじょう》、厠上《あんじょう》」が知恵の出やすい場所だと記されています。馬の上、寝床の上、そしてトイレという内容ですが、私の場合もそのことがいえます。私がアイデアを出しやすいのは、次の7つです。

①メモや文章を書いている最中
②読書の最中
③テレビやネットを見ている最中
④乗り物での移動中
⑤布団の中
⑥トイレの中

⑦風呂桶の中やシャワーの最中

大別すれば、A情報を得ている最中、Bリラックスしている最中です。思考の素材である「情報」を得たことで脳が働き出す状態を得たことと、リラックスすることで深層思考力が働きやすい状態を得たためという理由づけができます。

●環境要因①リラックス

リラックスは集中してモノを考えている状態ではありませんが、逆にアンテナを広範囲に張っている状態でもあります。だから不意にキャッチできるのです。日ごろ課題を意識づけられている脳が、リラックス時に不意に思いつくのはそのためです。

「起床後」にアイデアは出やすいものです。人間が睡眠を必要とする理由は諸説ありますが**「記憶の整理」**をするためという理由が大きな意味をもつのではないでしょうか。つまり、パソコンで例えれば、再起動後に動きが速くなっているようなもので、データーが整理されるためです。

そのため、起床後はアイデアが出やすいのです。睡眠不足でも日々の決まりきったルーチンワークならこなせるかも知れません。しかし**「睡眠不足の脳から叡智は生まれない」**と考えるべきです。頭脳労働に従事する人間には十分な睡眠が必要です。

起床後は、頭の中から出てくる声を聞くことに専念すべきであり、外界からの情報のインプットには使わないようにすべきです。アイデアは「言葉」として閃くものですから、テレビをつけるなど外から言葉が聞こえてくる状態は避けるべきです。アイデアは小声で聞こえてくるものであり**「音のない時間」**の確保が必要なのです。

アイデアを出したい場合、筋肉は休ませる必要があります。読書など情報のインプットには集中力が必要ですが、アイデアを出す際は、むしろ「分散力」とでもいうべき、リラックスした状態であることが必要です。リラックスと筋肉の緊張は反比例する関係にあります。宇宙飛行士が無重力空間でインスピレーションを受けたという話をよく聞きますが、筋肉の緊張が極限まで解放された状態だからかもしれません。

日常でそれに近い状態を作れるのが「お風呂」です。お風呂以外では、体の面積を広く床に接している「寝ている状態」がよいというわけです。発明家のドクター中松氏は、毎朝プールの中に浮かぶのを習慣としているそうですが、それは理にかなったものだといえます。

●環境要因②情報はアイデアを引き出す

情報を脳に入力することで、アイデアが得やすくなるのは、アイデアの素材が情報だからにほかなりません。車などでの移動中にアイデアが出やすいのは、高速で大量の映像情報が脳に流れることと、脳の処理スピードが上がることに連動して脳の働き全体が活発になるからという2つの理由が考えられます。

私はこれを**「映像シャワー効果」**と呼んでいます。今後は、モニター画面やバーチャル映像を利用し、意図的に映像シャワーを作り出す技術も登場するでしょう。

3 情報収集

●効率的に情報を収集するための視点

読書やその他、情報の収集にあたっては、それを活用（アウトプット）する姿勢をもって臨むことが大切です。「提供につなげない勉強は趣味である」と考えるべきです。提供意欲ありきの情報収集です。**得た情報を「活用する」「伝える」ことを意識すれば、前提となる情報の選別力や吸収率は飛躍的に高まります。**

学んで終ってしまったのであれば「世の中に何かを提供したか」という価値基準で捉えた場合、評価はゼロです。「聖典を丸暗記することは新たに聖典を一冊印刷したのとなんら変わらない」という戒めの言葉もあります。社会に対し「何らかの新しさを提供する」姿勢が大切です。

情報を得るための最良の方法は「情報を提供すること」です。これに尽きます。類は友を呼ぶといいますが、似たようなことに興味を示す人間が必ず集まるようにできています。ブログやメールマガジンなどを使い、特定のテーマ性を持たせた原稿を配信すれば、同じテーマの情報をもつ人間と出会えます。

「与えよ、そうすれば与えられるであろう」（ルカによる福音書）

☆【推薦書籍】『プロフェッショナルの情報術』喜多あおい 著『調べる力』関沢英彦 著

●活字にされていない部分を読み取る（行間を読む）

読書の目的は、知識の習得と、本を読むことで得られる自らの発想を手に入れることです。また、読書は成功するためというより、むしろ知識不足からくる失敗を予防できることに価値があります。私の場合、今思えば知識さえあれば防げた大失敗が、とても多かったように思えます。

本の価値は文章そのものより行間にあります。文章を読んでいる際に思いついた発想にこそ価値があります。同じ意味で、本の余白も大切な存在です。余白は読みやすくするためというより書き込みをするためにあると考えています。

●私の速読法

読書を効率的に行うためには**「探す姿勢で読む」**ことです。たとえ精読しても、1週間も経てば本の内容のほとんどは忘れてしまいます。1週間後にその本から得られたことを思い出せといわれても、ほんの5、6か所の印象深かったところしか覚えていません。それに気づいた私は速読法に開眼しました。その方法は**精読したとすれば、1週間後にも覚えているであろうキーフレーズを探す目的をもって本を読む**ようにしたのです。つまり逆算するわけです。このように考えれば、つまらなそうなところは自信をもって読み飛ばせるため高速で本が読めるというわけです。

本が好きで、同一ジャンルの本をたくさん読んでいるのであれば、読書量が増えるにつれ、既存の知識が増えるため、1冊当たりの読書時間は自然に速まります。つまり**専門分野を持てば、誰でも速読できるようになる**のです。好奇心や問題意識こそが大切だと考えます。

読書は「累積効果」を期待すべきものであり、1冊読んだからといってどうなるものでもなく読み続ける習慣が大切です。また**「発想力は考える習慣の産物」**です。

今日において「価値の高い情報」とはどのような情報か？

それは**「活字になっていない情報」**です。ネット社会においては「活字化されていない情報」こそが価値の高い情報です。そのため相手と話をする際に意識すべきことは、**「この話は活字として世の中に存在する情報か」**という点です。その業界ではあたりまえ情報でも、だれも活字にしてこなかったような情報に価値があるのです。

感覚的な情報を正しくつかむには？

五感を分けて感じ取ることです。目を閉じて音だけを意識すれば、ドアのきしむ音や、従業員の足音など、ふだんスルーしているところに気づくものです。

街でポスターや看板を目にした際は、デザイナーが、①どこにこだわったか、②どこに工夫をしたか、③どこに時間をかけたかの3点を意識することです。

●「着眼」と「気づき」を分けて考える

世の中に不足している「マイナス」状態のものを察する感性が大切です。無いものを探すのは大変です。まだ無いのですから、目をつけることができないからです。無いものを発見するには**「気づく」「感じ取ること」**が必要になります。

着眼ではありません。着眼は対象の存在を意識しながらのものですが、「気づき」は内側から不意に芽生えるような感覚です。天文学者がブラックホールを見つける方法と同じように、見えない対象を発見するには、周囲の星が吸い寄せられていく様子から推測するしかありません。「それ」に目を向けるのではなく「全体」にアンテナを広げる必要があります。

●通販業界、思想・教育業界、エンターテーメント業界から学ぶものは大きい

これらの業界は、目の前にない商品や、形のないモノの「価値」を伝えることを手がける業界だからです。商品の演出法や広告法を学ぶうえでも大変参考になります。

「表現のプロ」「演出のプロ」の視点や人生観を学ぶことは、視野を広げるうえで、とても勉強になります。彼らのもつ「人を楽しませることを前提にした感性」はビジネスの発想にも大いに活かせます。

☆**【推薦書籍】**『企画脳』秋元康 著　『テレビのなみだ 仕事に悩めるあなたへの77話』鈴木おさむ 著
『ヒット率99％の超理論』五味一男 著　『人気テレビ番組の文法』純丘曜彰 著

●自分の考え自体を疑うことで真実がみえてくる

科学的に物事を考える場合、**「確証」**と**「反証」**両方から真実を突き止める目をもつことが必要です。自説を肯定するデータばかりを集めてしまうことのないよう、反証に対しても公平に受け入れる必要があります。

心理学上の一般論も、調べ方や調べる対象、場所などによって結果が異なります。ましてや商品が異なるビジネスにおいては、そのつどデータを取らなければ正しい結果は得られません。実際にやった人間は「正しいデータ」を積み重ねることができるためノウハウの精度が上がるのです。

●行動した人間だけが得られる情報がある

記憶がベースになり予測や発想を行っているわけですが、記憶の中には、行動した人間のみが得られる貴重な情報が存在します。それが**「手ごたえの記憶」**です。読書で頭を鍛え、行動により鼻を鍛える必要があると表現してもよいでしょう。鼻の利く人間、つまり応用の利く人間になるためには、その分野を手がけることです。

また、世の中には「スタートしなければ入手できない情報」が存在することに注目すべきです。それは**「プロからのプロ相手の情報」**です。だから質の高い情報を得るためにも、スタートは早い方がいいのです。電話帳に番号を掲載したとたんに、業者相手の営業が来るようになるものです。

●1つの情報が得られたことで安心しない

1つの情報の周りには複数の情報が存在します。観察により、1つアイデアが発見できても安心してはいけません。まだ複数のアイデアが隠れている場合が多いのです。

★Question

次の事例から、本書で紹介したビジネスアイデアをいくつ発見できるでしょうか？

事例

先日、葬儀社主催の「エンディングプラン講座」に参加しました。後々財産分与などで、遺族に迷惑をかけないための講座です。

前半の資産管理の講座が終わると、後半は専門家による「葬儀保険」の話になりました。

保険の分類上は、掛け捨ての生命保険に属すると思われる内容でしたが、手ごろな掛け金で、しかも死亡証明書が取れると翌日現金が振り込まれる点が売り。

通常の生命保険のように、保険金の受け取り手続きで待たされることがないため、お寺さんなどへ支払う費用がすぐに用立てられるという内容でした。

①セミナー主催による「ごっそりの集客」（P57）
②葬儀社と保険代理店の「コラボ企画」（P63）
③葬儀保険というその場に違和感のない「ネーミングの戦略」（P38）
④一見得をしそうな「分割払いの魔術」（P88）

実際の講座では、話し方のテクニックから服装における色彩心理、人前での群集心理、テキストの文面の巧みさなどなど、いたるところに工夫がされていました。しかも老人相手…。

「このビジネスは自分の知らなかった〝○○＋○○〟のビジネスモデルだな」というふうに生活の中で、ビジネスの新たな組み合わせを発見する姿勢が大切です。

●情報は分類すべきか？

情報は分類整理するべきか否かという論点がありますが、これは目的によって異なります。発想自体は脳がするものですから、深層意識からの閃きを求めるためには、分類整理は関係ないかもしれません。現在はパソコンのキーワード検索機能でパソコン内のデータを呼び出すことも可能な時代です。

しかし、本書で提唱する「メガサンプル発想法」を行うに際しては、1章から4章のようにテーマ別に類似の情報を列挙させる必要があります。そのように、何かの気づきを得ようという目的がある場合なら、やはり分類整理しておくことが必要です。

「学問の基礎は比較と分類である」という言葉もあるほどです。結局は「使い分ける必要がある」ということです。

●効率的な情報分類法

私の実践する「効率的な情報分類法」を1つお伝えすれば、ノートなどに情報を記入する際、その時点で分類する方法です。あらかじめノートの項目を分けておき、テーマの該当するページに書き込んでいくという簡単な方法です。

つまり、書いた後で分類するのではなく「書きこむ段階で分類する」方法です。私のノートやメモ帳は4つのテーマに分けています。思考錯誤の結果、現在このようになりました。

①戦略・営業ネタ
②商品・企画ネタ
③広告・表現ネタ
④心理・生活ネタ

著作権にも「編集著作権」が存在するように、情報は分類整理することによって新たな価値になるものです。並べ方や選択自体に価値があるということです。

4

閃きによりアイデアを出す方法――深層意識による思考

●深層思考力を働かせるための方法①

アイデアには2つのタイプが存在します。

①深層意識を使って生み出されるアイデア…閃き（ふいに思いつく）
②表層意識を使って生み出されるアイデア…思索（考えながら思いつく）

不意に思いつくアイデアと、意識的に考えながら導き出すアイデアと言ってもよいでしょう。深層思考力を使いアイデアを出すためには、3つの実践が必要です。

①理想や目標、テーマや課題といったものを掲げ、脳に意識づける
②思考の素材となる「情報」を広い分野から入手する

③常に「メモ帳とペン」を持ち歩く

理想や目標を意識づけられた脳には、深層意識下で、現状とそれらとの隔たりを埋めるためのアイデアを出そうと働き出す機能が備わっています。

私はこれを**「目標設定のもつ空間補充作用」**と呼んでいますが、目標や課題の意識付けは、脳に対して、「現状と理想との隙間を埋めるために記憶と記憶を組み合わせよ」との指示を出すことなのです。

アイデアには生物性があると述べましたが、これも生物の持つ「骨の修復機能」と同様の働きです。身長を伸ばす外科手術の1つに、足の骨をいったん折り、わざと隙間を作った状態で、数ヵ月安静にしておくという方法があります。このような状態にしておくと、骨と骨との隙間を埋めるために、その部分に新しい骨が形成されてくるのです。理想や目標を掲げることは、意図的にこの空間を作ることなのです。

情報の入手は、素材の入手に他なりません。素材なしに作品を生み出すことは不可能です。情報は脳を通過させ「記憶」にしなければなりません。

深層思考力によりアイデアを出すための３つの実践

情報には①外発的情報と②内発的情報の２つがあります。

【外発的情報】 映像や活字、他人の言葉や音といった自分の外側から発せられる情報

【内発的情報】 思考経験や気づきといった自分の内側から発せられる情報

記憶にも**「単体の記憶」**と、集合体の**「記憶群」**とでもいえるような記憶が存在します。**既存のアイデアを広く類推適応し、また応用するためには、極力、同種のアイデアを複数入力し「記憶群」にすることが必要です。**本書はこの「記憶群」を形成するに役立つ構成です。

これら外側からの情報とともに、自らが「思索した」「考えた」等、内側からの思考経験の情報も、アイデアを生むための重要な素材です。考えることは理想や目標の意識付けの意味もあります。考える習慣を持つことが大切だということです。

また「メモ帳とペン」を持ち歩く意味は、メモを取るためだけではなく、メモ帳などを持ち歩くことで、課題を抱えていることを意識づける意味もあるのです。例えるなら「金鎚を持った子供が、何でも叩きたくなる心理」と同じで、メモ帳とペンを持ち歩けば、アイデアを出そうという意識が格段に強まるのです。

●深層思考力を働かせるための方法②

脳に目標や課題を意識づけるための方法として、思いの強さを強化することと、思い出す回数を上げるこの両方の視点を意識すべきです。

①目標や課題を意識づけるためには、日々の反復行為にそれらの想起を組み込む

トイレや財布は「毎日何度も使うもの」です。1日に何度も利用する場所や物に目標や課題を書き出したものを貼っておくなどの方法で、反復による意識づけの強化を図ることができます。また、ネット上の特定のサイトに入る際のパスワードに、自分の目標や課題を入力するように設定しておけば、パスワードを入力するたび、自分の目標や課題を思い出すことになります。

②思いを強化するには、宣言による「一貫性の心理」を活用する

有言実行と不言実行のどちらが良いかという議論が昔からあります。

多くは有言実行のほうが自分の逃げ場を奪うため効果的だという主張が多いようです。人間には宣言したことを守ろうとする「一貫性の心理」が働くため、自分に対して良いプレッシャーがかかり、その実現を後押ししてくれます。

つまり、目標を他人に発表することで、自分の問題を「信用の問題」に変えられるというわけです。

成功者はよく**「目標は紙に書いて持ち歩け」**といいますが、これは反復による意識付けの意味と、自身へ意志表明することで得られる、「一貫性の心理」を利用する意味があるのです。

5 考えながらアイデアを出す方法――表層意識による思考

●知的生産は「できる」「ある」を前提に行う

考える人が善人なら、その脳からは「知恵」が生まれます。しかし、考える人が悪人なら、その脳からは「悪知恵」が生まれます。それと同じで、**できないという思想の持ち主の脳からは「できる方法」は生まれない**のです。価値あるものは「できる」「ある」という思想を持った人間の脳から生まれるのです。

●質より量の世界である

良いアイデアを出す最大の秘訣は**「悪いアイデアを出し切ること」**です。私はそう悟りました。悪いアイデアを出し切った後に、良いアイデアは出てくるものだと考えれば、ろくでもないアイデアを出すことに抵抗がなくなります。

真珠養殖の父　御木本幸吉《みこもとこうきち》氏の言葉にも、次のような名言がります。
「悪いアイデアも出せない人間に、どうして良いアイデアが出せるだろうか！」

●「発想の型（フレーム）」をもてばアイデアは出やすくなる

自分なりの「発想の型（フレーム）」を持つことは、それに当てはめることができるので、アイデアが出しやすくなるものです。

●紙に書き出しながら考えるべき理由

考えがまとまらない理由の1つは、考える際、全体を客観的に外から眺めることをしていないためです。

書き出すことをせず、頭の中だけで思考する場合、今、頭の中に浮かんでいること以外の関連情報は意識しにくいのです。例えれば、最近見た映画のセリフと明日のスピーチの内容を同時に考えることはできないのと同じです。片方ずつ交互に考えることはできても、同時に考えることは不可能なのです。

ところが紙に書き出すことで、別の関連情報も意識しながら考えることができるようになるのです。つまり**「書き出すことは思考を視覚で補うための作業」**なのです。

そのため、表層意識を使い論理的にアイデアを発見しようとする際は、紙に書き出し、思考の素材となるキーワードを意識しながら考えることが有効なのです。

最近とくに注目されてきた、トニー・ブザン氏の提唱する「マインドマップ式発想法」も、自由連想によって頭に浮かんだキーワードやフレーズを、どんどん紙に書き出していくものですが、これも、自身の思考から生まれたキーワードを書き出すことにより「思考を客観視しながらアイデア出すための発想法」の1つだといえます。

☆**【推薦書籍】『ザ・マインドマップ』トニー・ブザン 著**

書き出す際の紙は大きめのものを利用すべきです。私は経験則的に「眼球を自由に動かせる広さと発想力との間には相関関係がある」と考えています。小さな紙に書き出す場合、思考も凝り固まって広がらない傾向にあります。眼球をキョロキョロ広範囲に動かすことのできる大きめの紙を利用しましょう。

★アイデアにつながる問いかけ集★

●考える前にすべきこととは？

考える前、悩む前、努力の前に、まず「探す」ことをすべきです。多くのことは、すでに誰かが同じことを考え、すでに解決方法を発見しているものです。まずは、ネット社会の恩恵にあずかりましょう。

●「悩み」を「問題」に昇格するための問いかけ

悩みが現れた場合「それは学問体系としては、どのジャンルのものか？」と問いかけるべきです。悩みの多くは、すでに学問として体系づけられていることがほとんどだからです。心理学の交流分析の問題なのか、マーケティングのロジスティクスの問題なのかとわかるだけでも解決策を発見するための大きな前進です。「悩み」は、対象が明確になるだけで、科学的に対処できる「問題」になるのです。

発想は問いに応答するものです。「問い」あっての「解答」であり「発想」です。問いかけの言葉をたくさん知っておくことは、発想力を豊かにします。

●発想以前に、次の単純な「つぶやき」を知っておくべき

情報を得た後は次のつぶやきを意識的に使いましょう。

凝縮――――要点を抜き出すつぶやき

「つまり…」
「要するに…」

拡大――――発想につなげるつぶやき

「そういえば…」「ということは…」「だとすると…」「例えば…」
「裏を返せば…」「むしろ…」「そもそも…」

「そもそも」で回答が得られたなら、問題を解決することなしに「おのずと」問題

そのものの発生を防ぐことができます。つまり「解決する」のではなく「解決しなくても済む」方法が得られるのです。

●中間に1つステップを挟めないか？

物事をスムーズに運ぼうとするなら、直接的でなく、あえて間接的な方法で「解決につながる段取りはないか？」と考えた方が、結果として早く解決につながるものです。つまり、2段階式に**「どういうステップを挟むべきか？」**と考えた方が物事はスムーズに運べるのです。

第1章で紹介した**「他の人と組むべきではないか」**という発想も間接的な段取りを挟む考え方といえます。

フロントエンド商品を用いて、本来的に売りたいバックエンド商品の販売につなげる「ステップ式の販売法」も典型的なこの考え方によるビジネスノウハウです。

いきなり高額商品の営業をかけるのではなく、まず信頼関係を作るという段階を挟んだ営業方法といえます。

「アイデアを出そう」とする前に、まず「アイデアを出しやすくしよう」という視点も、この1ステップを挟む考え方です。発想法をまず学ぶべきということです。

●両方から考えるべきではないか？

「2方向から考える」という視点も大切です。込み入った地域に配達するドライバーは、地図を見る際、現在の地点から目的地を見ると同時に「目的地の側から」も、大通りに出るまでの道を発見しようとします。

つまり、**課題に対しては、現状の側から考えると同時に「逆算的に」理想の側からも解決の方法を考えてみることが大切**だということです。

商品の広告も、2方向から説明することで広告効果を高めることができます。例えば、買うことの利点をアピールするとともに、買わないことから生じる不利益についても記述すれば、広告効果は倍増するというわけです。

「自分の立場からだけでなく、相手の立場からも物事を考えよ」というアドバイスも、まさにこの2方向から考える視点です。

欠点には「それを逆手《さかて》に取れないか？」と反応する

2章で紹介したとおり、古めかしい不動産物件を扱うなら「ヴィンテージ」や「アンティーク」だと考えさせればいいわけです。欠点を利点にできれば、そのギャップの大きさから大喜びできるはずです。

もっと困っている人はどうしているんだろう？

極端にデフォルメ（誇張）して考えてみれば、自分の悩みなど、もっと困っている人に比べれば大したことがないと分かるものです。もっと困っているはずの人でも彼らは生きています。なら、彼らはどうやってその課題を克服しているのだろうか？と考えるようになれるのです。

保証人がいなくて家が借りられないと悩んでいるなら、日本に来ている外国人はどうやって家を借りているのだろうと考えるだけでも視野が広がります。

漢字から発見できないか？

漢字は、発明された時代のトップともいえる賢人たちの思考の凝縮です。現在なら国語審議会の名誉顧問のような人たちが、考えに考えた末に定めた知恵の結集とでもいえるものです。考えごとをする場合、漢字を分析することで、解決策が導き出されることが多いのです。

「戦略」と「戦術」を例にすれば、「略」には「田」という文字が含まれており、「術」には「行」の文字が含まれています。つまり、戦略は「どこの田んぼにどんな苗を植えようか」というフレームを意味するものであるのに対し、戦術は「どうやってその苗を植えようか」という作業を意味するものだと区別できるようになります。

同じ漢字が使われている「類語」や「反対語」をたくさん比較することでも、たくさんの気づきを得られます。「言葉遊び」と揶揄する人がいるかもしれません。しかし、私は言葉遊びを本気ですることに価値があると考えています。自分では「言葉遊び」を真剣にやっているつもりです。

●共通点はないか？

「利用する場面」や「対象者」「時間やタイミング」さらには「利用したことで得られる感情」などの〝共通点〟を手がかりに、該当するキーワードでネット検索してみれば、異分野からの思わぬ発見が得られます。すると、今度は、発見したその商品やサービスをヒントに、更なる発想につなげていくことができるようになります。

アイデアや情報は生物ですから、人間関係と同じく共通点が発見できると仲良く結びつけやすいというわけです。

●「自分には関係ないな…」というつぶやきには、この言葉を返す！

「そんなの知ってる」「自分には関係ないな」「うちの業界では使えない」「そんな小手先の対処で」「いまどき…」このようなつぶやきが出た場合、一歩踏みとどまり考えてみることが、競争相手との「差」を生む結果になります。

つまり、あなたの競争相手も、同じように「関係ないな」と、スルーしてしまいがちな対象だからこそ、価値をみつけようとする際に、競争相手との差をつけやすいポイントになるのです。

「自分には関係ないな」「うちの業界では使えない」といった言葉の後に、その情報を活用した例はないはずです。これらのつぶやきは「今の考え方を変えなくていい」あるいは「行動するな」といった、成長しない選択を肯定するつぶやきです。もし、そのようなつぶやきがでたなら、次の言葉につなげるべきです。

「…と、多くの人は考えるかもしれないが、自分は違う」

大多数の同業者も同じように考えるわけですから、そこで敢《あ》えて考え抜いてみればばライバル業者を出し抜く知恵につながるというわけです。

また、ためになるアイデアが出たあと「でも…」の言葉が出たとたん、やる気は失せるものです。「でも」は、まさに「デーモン（悪魔）」の囁きです。「でも、でも」と悪魔の名前を呼べば、その人には「行動しない自分を讃える悪魔」が取り憑きます。

「でも…」ではなく「よし！」を使い「よし、やろう！」につなげましょう。

●できるか？ できないか？ の問いかけでは、できないになる

「できるか？ できないか？」の問いかけをした場合「できない」になりがちです。

「できない」のではなく「やりたくない」「変えたくない」「行動したくない」という、変化を嫌う**「恒常性維持の心理」**が人間には働いているため、今を変えないような選択をしてしまうことが多くなるのです。つまり**「できるか？ できないか？」の問いかけは、その時点ですでに「50対50」の公平な問いかけではない**のです。

「できるか？ できないか？」ではなく、正しい問いかけは「どうすればできるか？」なのです。

6 考えながらアイデアを出す際の「思考の型」の紹介

「思考の型」をもつことの有効性

表層意識が働いた状態で思索する場合は、自分なりに発想しやすい「型（フレーム）」を持つことでアイデアを出しやすくします。

型を持つことは「制約を設けること」です。制約があるとアイデアは出しやすくなるのです。例えば、五・七・五の俳句や、五・七・五・七・七の短歌は、その文字数の制約を設けたことで、「削ぎ落とした達意の言葉を作る」創作意欲をかき立てられるのです。

制約はフレームです。フレームが人間の「補完欲求」をくすぐるのです。

知っておくべき「発想に役立つ本能」

発想を導くために活用すべき、2つの心理法則をご紹介いたします。

☆【補完欲求】……………不完全なものを完成させたい心理

☆【ツァイガルニック効果】……途中までの不完全な話に対し結論を知りたがる心理

一文で2つの心理を表せば「不完全な状態を嫌う心理」が人間にはあるということです。この心理を意図的に利用する方法が、後述するチェックリストを「問いかけ」として用いる発想法と、図形を「型」として用いる空欄補充の方法です。

「メガサンプル発想法®」のススメ

私は1章から4章のように大量のサンプルを用いてアイデアを誘い出す発想法を**「メガサンプル発想法」**と呼んでいます。「メガ」は、ギリシャ語で「巨大な」という意味の接頭語ですが、最近ではビタミンを大量に投与する「メガビタミン療法」などのように、量や長さにも用いられています。つまり、**大量のサンプルにふれることでアイデアを誘い出す発想法という意味で「メガサンプル発想法」と命名**したものです。

類似の事例を大量に入力することで、脳が類推しやすい「記憶群」を作ることが、ヒラメキには必要です。つまり、発想のサンプルとなる事例を脳に大量に記憶させることで「思考の幅」を形成させるわけです。

犯罪捜査においては、以前はモンタージュ写真が使われていました。しかし、現在では「似顔絵」が用いられています。これは写真の場合、はっきり限定し過ぎているため、少しでも相違していると、見た人が別人と判断してしまうためです。そのため、あえて思考に幅の利く「絵」を用いることにしたのですが「記憶群」をもつこともこれと同様に思考の幅を持たせることなのです。

単体の事例から別のアイデアに応用させることは、脳に大きな負担をかけることであり結果が得にくいのです。「情報の幅」は「思考の幅」とイコールなのです。

もし、読者のあなたが、本書の1章から4章までのアイデアのサンプルをご覧になり、何か手応えや閃きを感じたのであれば、「メガサンプル発想法」に適しています。つまり大量のサンプルによって、アイデアが引き出せる脳の持ち主だということです。

●単体の記憶より、幅を持たせた「記憶群」を作る

あまりにも距離の離れた対象に知識を応用させることは難しいものです。応用力は既存の知識に変更や修正を加え解決策を導き出す能力です。この能力を「結晶性知能」とも呼びますが、結晶性知能は年齢に関係なく成長する能力です。

☆**【推薦書籍】『「結晶知能」革命―50歳からでも「脳力」は伸びる！』佐藤眞一 監**

応用を利かせるためには、単体としての記憶ではなく、幅を持たせた「記憶群」という状態の記憶をもつことが有効です。このようにすることで、課題に対し知識のわずかな変更や修正を加えるだけで解決策を導き出せるようになります。

いわば、単体の記憶は**「点」**であるのに対し、記憶群を持つことは**「面」**の状態の記憶を持つことです。面の状態で課題を待ち構えていれば、課題を取り込むことは容易になるというわけです。「点」が「点」を取り込むことはできません。しかし「面」は「点」を取り込むことができるのです。「大の状態にしておけば小を取り込む立場

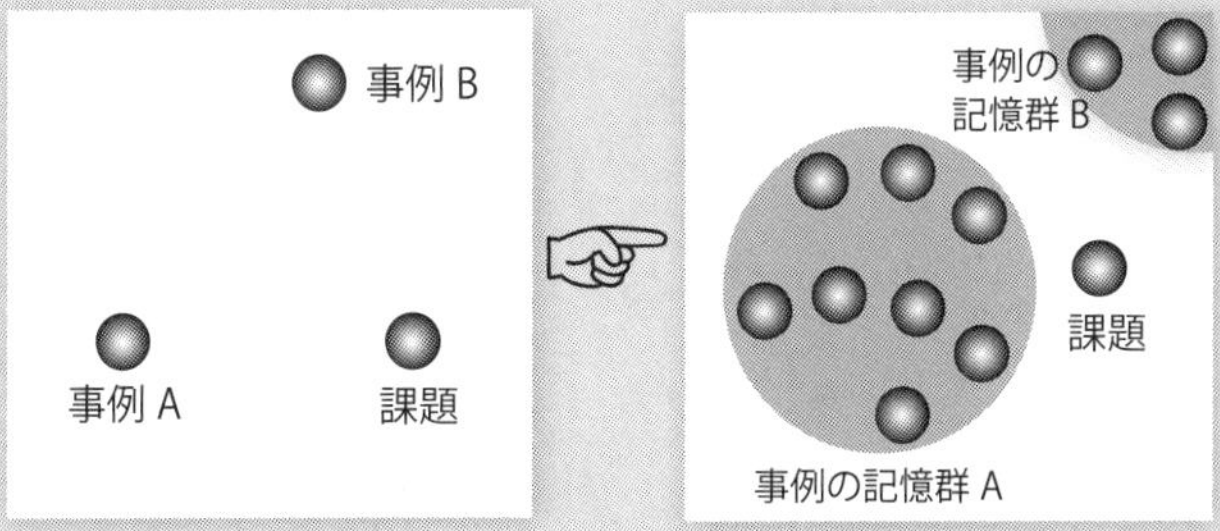

「メガサンプル発想法」で得られる効果は２つ
①記憶群の形成効果（深層思考力の向上に役立つ）
②気づきの誘引効果（表層思考力の向上に役立つ）
無意識と有意識両方の発想力を向上に役立つ

になれる」というわけです。

生物に例えれば、アメーバが、自分より小さな栄養源を取り込むような関係です。しかも、取り込むことでそのアメーバはより大きくなります。

記憶群もこれと同じであり、新たな課題を解決し吸収すれば、より大きな記憶群に成長させることができるわけです。

本書の１章から４章で紹介した「ビジネスの重要事項についての応用事例」は、ページ数の都合上、各ポイントごと４つからせいぜい９つ程度の掲載でした。

しかし、メガサンプル発想法を有効に機能させるためには、各ポイントごとに10事例程度以上は欲しいところです。

「チェックリスト発想法」のススメ

●「思考の取りこぼし」を防ぐにはチェックリストを用いる

チェックリストは予め制作しておいた「自分への質問リスト」にほかなりません。手がかりもなしに解決策を考え出すのは大変ですが、チェック項目を一つひとつ検討していく作業は、クイズに例えるならヒントをたくさん与えられるようなものです。

また、**日頃からチェックリストに親しんでおくことは、リストの内容を深層意識に定着させることになるため、深層思考力の基礎を固める意味があります。**

チェックリストが増えれば増えるほど、リストを眺めているだけで「あ、そうだ！」と気づくことが多くなります。私はこれを**「リストのもつアイデア誘引作用」**と呼んでいます。眺めるリストの数に比例してアイデアが出やすくなります。

考える際、チェックリストを用いることで次のような利点が生まれます。

①思考の取りこぼしを無くすことができる

②広い視野で解決策を考えることができる

自発的な行為や能動的な行為は脳への負担が大きいのです。しかし、チェックリストを用いる方法は、本来、能動的な作業である思考を、極めて受動的な作業へと変えてくれるものです。考える際、私はいつも「いかに頭を使うか」ではなく「いかに頭を疲れさせないか」を基準にしています。

チェックリストを増やしていくことは、堅実に物事を進めていく知恵の1つです。

☆【関連書籍】『アナタはなぜチェックリストを使わないのか？』アトゥール・ガワンデ著

●空欄のある図形を用いた発想法

考える際、私が文字以外で用いる主なものは「○・△・□・矢印・線」の5つです。線をベースに考えてアイデアが出ない場合でも、図形を描くことで出るようになる場合があります。また、その逆もあります。線や図形、問いかけなどさまざまな思考の「型」を知っておくことは発想力を飛躍的に高めます。

●思考する際の基本的チェックリストの例

私の場合、おおよそ次の「９つの思考」のチェックリストを使い、思考の取りこぼしを防ぐようにしています。

①□＋　□−　□×　□÷
②□対象　□場所　□時間　□現象
③□視覚　□聴覚　□触覚　□嗅覚　□味覚
④□点　□線　□面　□立体
⑤□いつ　□どこで　□誰が　□何を　□どのように　□なぜ
⑥□加える　□減らす　□絡める　□分ける　□連ねる　□跳ねる
⑦□一元的　□二元的
⑧□２つ　□３つ　□集合体
⑨□中間　□上下　□階層

◎例えばＤＶＤの制作業者が「①加える、②減らす、③絡める、④分ける、⑤連ねる、

⑥跳ねる」の型を利用して、新企画を考えるなら次のようになります。

①**加える**――本とＤＶＤをセットで売ろう！
②**減らす**――韓流スターのＤＶＤだけに特化しよう！
③**絡める**――ドラマの主題歌にしてもらおう！
④**分ける**――初回版と通常版でデザインを変えよう！
⑤**連ねる**――シリーズ化して売り出そう！
⑥**跳ねる**――売れ残りを粉にして燃料として売り出そう！

●チェックリスト法の生みの親〝オズボーン〟の9つのチェック項目

□拡大したら？　□縮小したら？　□組み合わせたら？
□逆にしたら？　□どこか変えたら？　□似たものを探したら？
□置き換えたら？　□別の使い道は？　□配置や並びを換えたら？

図を「型」に使用した主な思考モデル

丸を用いた思考モデル

①1つの対象を2つに分けて考えられないか？

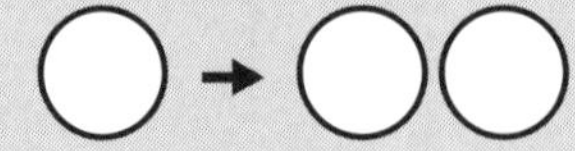

②2つの要素のほか第3の要素はないか？

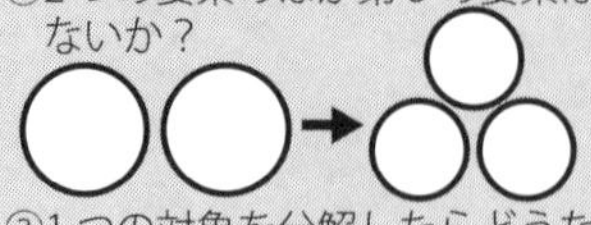

③1つの対象を分解したらどうなるか？単体ではなく、複数の集合体ではないか？

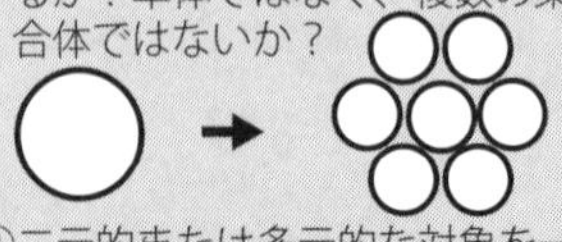

④二元的または多元的な対象を一元的に促えられないか？

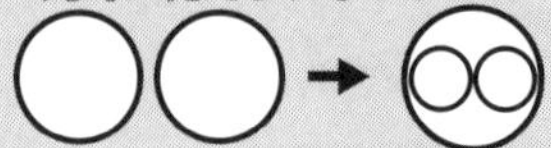

⑤2つまたは複数の対象を組合せられないか？

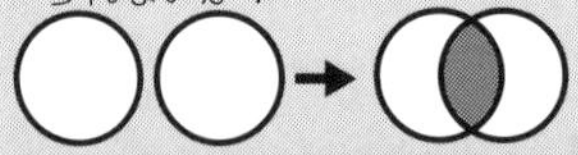

三角形を用いた思考モデル

①1つの対象を2層に分けて考えられないか？

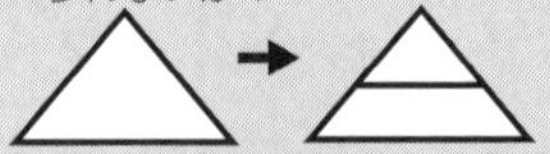

②1つの対象を階層として考えられないか？

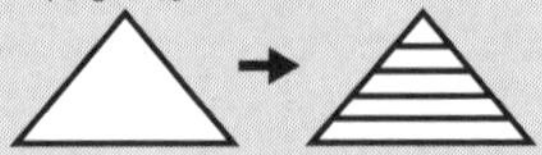

③2つの考えの上位に位置するものはないか？

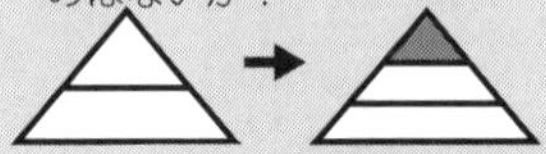

④2つの考えの中間に位置するものはないか？

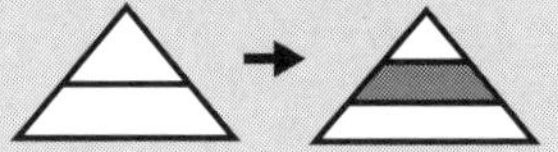

⑤2つの考えの下位に位置するものはないか？

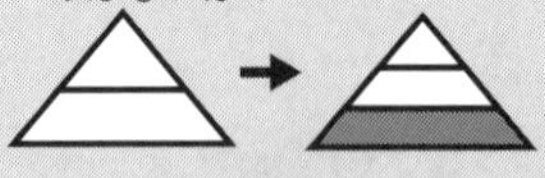

◎線を使い時系列的に考える思考モデル

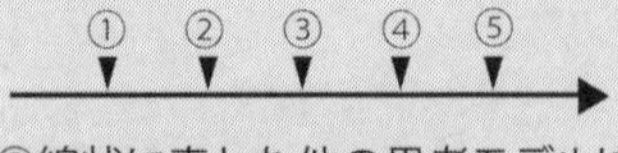

◎線状に表した他の思考モデルにあてはめる思考モデル

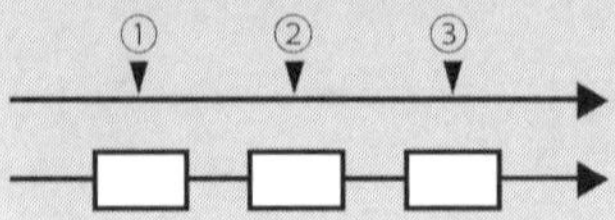

○△□線矢印を用いた具体的な例

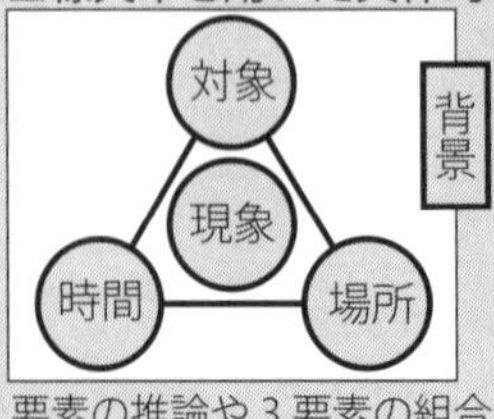

・3要素の推論や3要素の組合せにより、第4の要素などを導き出す際に用いる

（図中の文字はあくまで例の1つです）

ビジネスを図形で

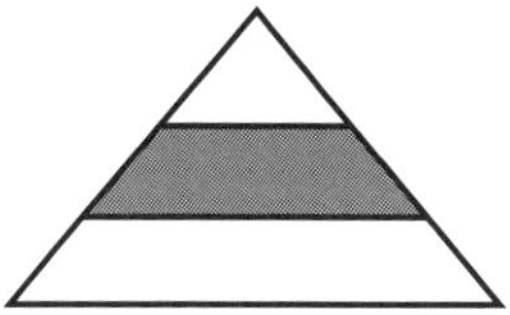

これまで男性用・女性用の２サイズで販売していた時計に、腕の細い男性を対象とした「ボーイズサイズ」を設けることで売上アップに成功。

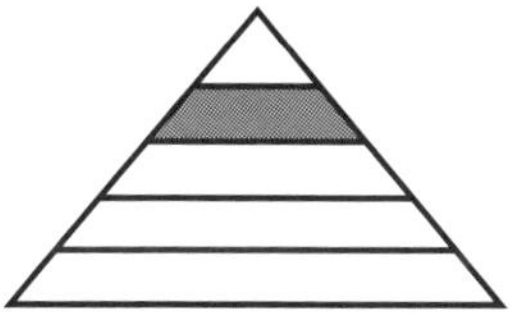

４段階だった検定試験に、新たに「準１級」を設けることで受験者数を２万人増やすことに成功。収益も１億円アップ。

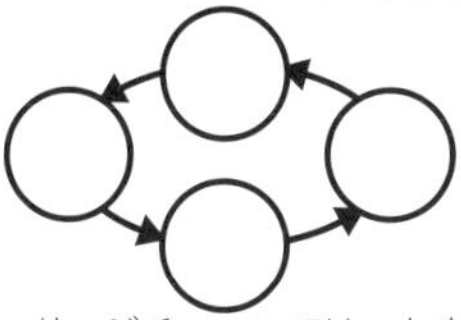

某マッサージチェーンでは、お客様に声をかけ自社の運営する専門学校の生徒にすることで、①お客様、②受講生、③最終検定受験生、さらには④従業員へと進ませる循環型モデルの構築に成功。

ビジネスに図形を応用

最もニーズの高い分野や自分の得意とする分野に特化することで狭い分野のナンバーワンになれないか？

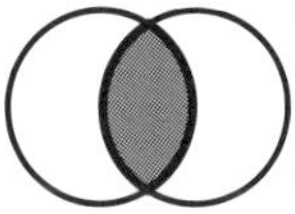

「商品＋教育」のように何かを加えることで収益を増やすことはできないか？

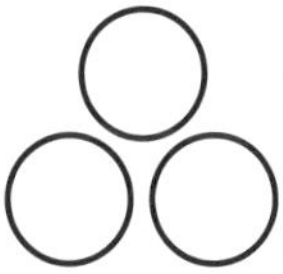

これまでの「ウインウイン」の考え方を売り手よし、買い手よし、世間よしの近江商人的「三方よし」の考え方に改めるべきではないか？

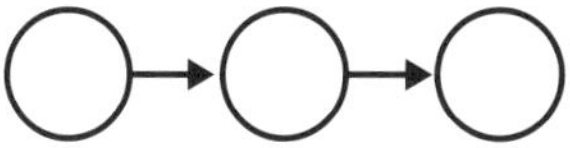

間に１ステップ挟むべきではないか?
だれかにお願いするなどの段取りを加えるべきではないか？

会員制にして毎月お金が安定的に入るようにすべきではないか？
分割払いもできるようにすべきではないか？

①今あるこの商品の色を（　　）に変えてみる。または透明にしてみると新たに（　　）の人からも支持されるのではないか。

②この商品の形を（　　）の形に変えてみる。そうすれば（　　）として使えるのではないか？

③サイズを極端に大きくしてみると（　　）としての利用ができるのでは？　またサイズを極端に小さくした場合は（　　）として使えるのでは？

④これを別の（　　）の分野に応用できないか。すると（　　）というメリットがあるはずだ。

⑤だれでも（　　）することには抵抗がある。だからその抵抗を少なくするために（　　）してあげればきっと喜ばれる。

●チェックリストを「虫食い文章化」して雰囲気を変えてみる

チェックリストの内容から、雰囲気を変えることによって脳に問いかける方法をご紹介いたします。

チェックリストを文章化した「テンプレート」を用いる方法です。

これは、人間のもつ、不完全なものを空想で補おうとする「補完欲求」に訴える発想法です。上の文章を参考にしてください。

●新聞記事から発想用のテンプレートを作る

同じようなテンプレートを、新聞記事などからも作ることができます。新聞で新しいサービスなどを発見した場合、記事に出てくる「名詞」を空欄にすれば、核となるサービスの応用例を考える「発想用のテンプレート」として利用できます。

「東京の某カレーショップでは、ごはんとカレーの重さに応じて、値段を決めることのできる〝量り売り〟による販売方法が大人気！食事を残すのがいやで、無理やり完食していたダイエット中の女性客にも大好評」

このような記事があったとすれば、これをもとに、テンプレートを制作すれば次のようになります。

（　）では（　）の重さに応じて、値段を決めることのできる〝量り売り〟による販売方法が大人気！（　）するのが嫌で、仕方なく（　）していた人にも好評を得ることに成功。

記事を利用した「虫食い文章発想法」は、個人で利用する場合、元原稿を読んでいるため影響されてしまう傾向があります。

しかし、グループ発想会議で複数の人に同じ内容のテンプレートを配布しアイデアを出し合うようなやり方であれば、短時間で様々な応用例を知ることができます。すぐに自社のビジネスに利用できるアイデアが出ることは少ないかもしれません。しかし、本書が提唱するメガサンプル発想法で用いる「同一テーマの大量サンプル集」を作る役割を果たすため後々に役立たせることができます。

●集積データに基づき「チェックリスト化」する

ある飲食チェーンでは、近くに外車の販売店があるか？　学校はあるか？　コンビニエンスストアはあるか？　十字路からどの程度離れているか？　川からどれぐらい離れているか？　駐車場のスペースはどの程度か？　トイレは男女で分かれているか？　卓数はいくつか？　テーブル席はいくつか？　メニューの数はどれだけか？　など、およそ2000のチェックリストを用いています。

このチェックリストを利用することで、開業前から1ヵ月の売上見込みを、プラスマイナス4万円前後の恐るべき精度ではじき出しているそうです。

ノウハウをチェックリスト化する手間を惜しまなければ、有能な社員が抜けた場合にも、ノウハウの引き継ぎでの苦労を最小限に抑えられます。「ノウハウの共有」ができているからです。

そのためには、日々の仕事の中で気づいたことを「連絡ノート」などをで記入するようにし、それをもとに、担当が分野ごとにリスト化するようにすればよいわけです。

チェックリストを作るためには、日頃から、同一テーマを書き込むフォーマットを用意しておき、そこに箇条書きの要領で書き込んでいくことです。

また、長年会社経営に携わってきた税理士さんの中にも、事業計画書の制作に必要な51のチェック項目を導き出し、それに沿って書き出すことで、極めて容易に事業計画書が作成できるノウハウを作り上げた人もおられます。

☆**【推薦書籍】『51の質問に答えるだけですぐできる「事業計画書」のつくり方』原尚美 著**

★【主体を仮定する】★

ここでは解決策やアイデアを出す際に有効な「仮定法」の例と、その際に検討してみるべき「もし」のチェックリストの例をご紹介いたします。主体を自分から他のものに変えることにより思考の幅は一気に広がります。

■仮定による発想法

□「もし、○○さんならこの場合どのように考える（感じる）か？」
□「もし、○○の立場ならどう考える（感じる）か？」
□「もし、○○だったら（にしたなら）どうなるか？」

■人物や立場を仮定する「もし」のチェックリスト

□買い手の立場なら　□売り手の立場なら　□経営者なら　□売り場の人間なら
□女性（男性）なら　□高齢者なら　□子供なら　□大家族なら
□障害のある人なら　□○○症の人なら　□主婦なら　□学生なら

□外国人なら　□富裕層の人なら　□ニートなら　□夜勤の人なら
□別の国や季節なら　□夜なら・朝なら　□移動中なら　□商品が喋れるなら

※業界の異なる著名人も複数リスト化しておくべきです。

■業種を仮定する「もし」のチェックリスト

□製造業なら　□飲食業なら　□マスコミなら　□冠婚葬祭業界なら
□アパレル系なら　□教育分野なら　□美容系なら　□医療・薬品系なら
□旅行業界なら　□行政・ＮＰＯなら　□イベント業界なら　□農林水産業なら
□ＩＴ業界なら　□建設業界なら　□中古市場なら　□レンタル業界なら
□金融業なら　□芸能界なら　□レジャー業界なら　□風俗業界なら

☆【発想法・思考法・改善法関連の推薦書籍】

『アイデアのちから』チップ・ハースほか 著
『発想フレームワーク55』永田豊志 著
『ザ・マインドマップ』トニー・ブザン 著
『アイデアマラソン発想法』樋口健夫 著
『ずるい考え方』木村尚義 著
『アイデアが止まらなくなる50の方法』中谷彰宏 著
『「超一流」の構想術』中谷彰宏 著
『中谷彰宏の企画塾』中谷彰宏 著
『大人のスピード思考法』中谷彰宏 著
『大人のスピード読書法』中谷彰宏 著
『超高速右脳読書法』中谷彰宏 著
『アイデアマンになる』アングルほか 著
『考具』加藤昌治 著
『企画脳』秋元康 著

『IDEA HACKS!』原尻淳一 小山龍介 著
『PLANNING HACKS!』原尻淳一 著
『泉田式10速発想法』泉田豊彦、鈴木領一 著
『思考と行動における言語』S・I・ハヤカワ 著
『言葉によるアイデア開発』広野穣 著
『俳句がうまくなる100の発想法』ひらのこぼ 著
『アインシュタイン・ファクター』W・ウィンガーほか著
『その科学が成功を決める』R・ワイズマン 著
『知的思考の技術』知的思考の技術研究プロジェクト 著
『知的生産の技術』梅棹忠夫 著
『思考の整理術』外山滋比古 著
『和田秀樹の〝最終最強〟知的生産術』和田秀樹 著
『効率が10倍アップする新・知的生産術』勝間和代 著
『勝間和代のビジネス頭を創る7つのフレームワーク力』勝間和代 著

『知的生産力が劇的に高まる最強フレームワーク100』永田豊志 著
『頭がよくなる「図解思考」の技術』永田豊志 著
『最強のビジネス図解ワークブック』開米瑞浩 著
『アナタはなぜチェックリストを使わないのか？』A・ガワンデ著
『リストの力』堀内浩二 著
『商品企画できない社員はいらない』太田昌宏 著
『モノづくりで150億円を生む独創発想術』中西 幹育 著
『製品開発の心得120』西畑三樹男 著
『技術者の心得120』西畑三樹男 森川慎 著
『アイデアをプチ事業化してお金に変える本』下村正 著
『「発明売込みの極意」ご指導いたします』下村正 著
『トヨタ式 世界を制した問題解決力』若松義人 著
『最強トヨタの7つの習慣』若松義人 著

☆**【書評ナビ】**

著者のホームページに、ビジネス書の書評ブログを一覧表示した【書評ナビ】のコーナーを設けてあります。

自身のフィーリングに合う書評家に出会えたなら、それは「情報顧問」をもつようなものです。ぜひ自分に合った書評家を探してください。

※検索キーワード⇐
「日本アイデア作家協会」「書評ブログ一覧」

ビジネス企画を考える際の参考例　ステップ１

まず時代や社会の流れを大局的にとらえる

◎文明の発達を線で考える

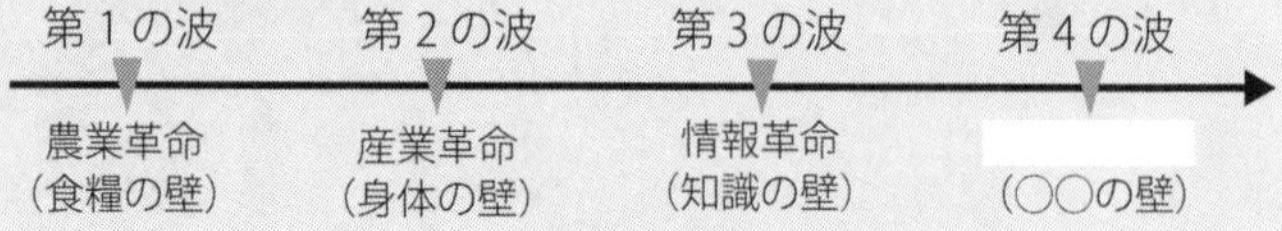

◎文明の発達を三角で考える

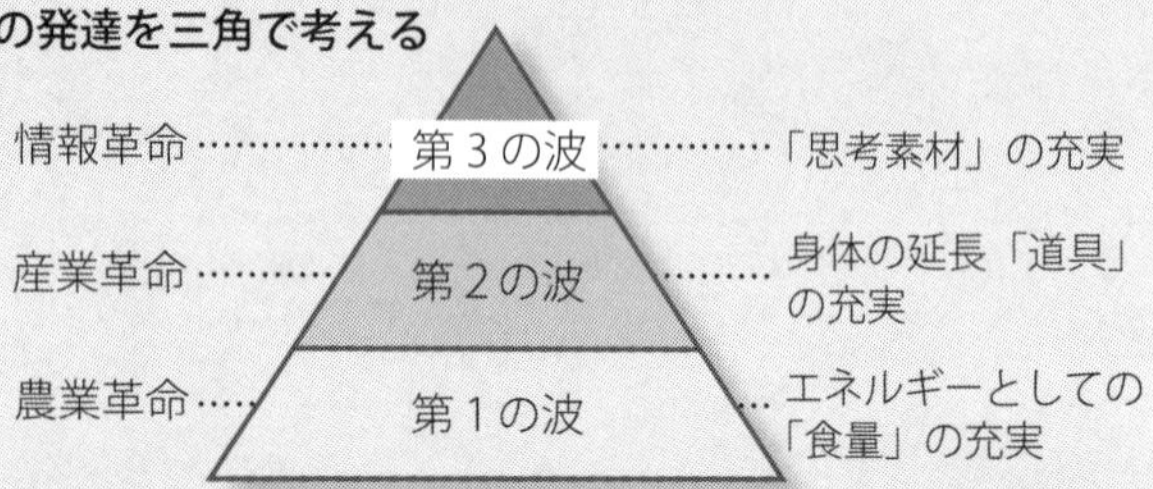

◎時代の流れを線で考える

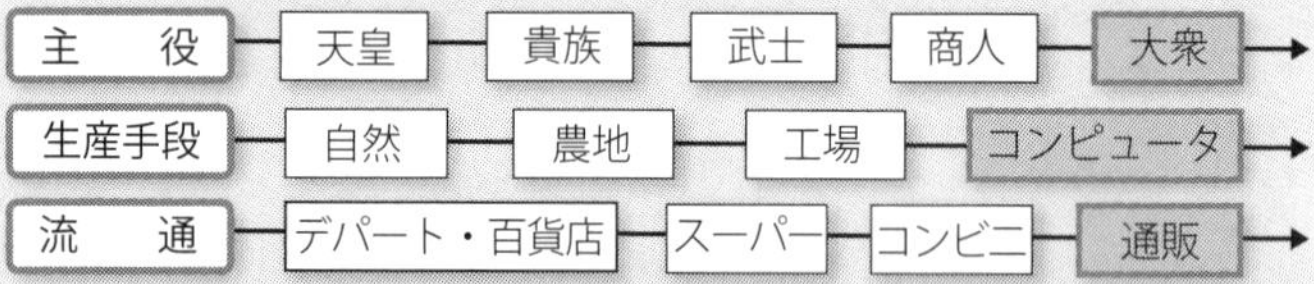

【既括的時代の流れ】

現代までの流れ→大きなものから小さなものへと価値が移り変わっている。現代は個人がパソコンとインターネットが与えてくれた情報力やネットワーク力を駆使して仕事をする時代だといえる。

方向の予測――→情報の充実によりそれを資源として生み出される「知恵」に価値が与えられる時代へと移る。膨大な情報を処理しきれなくなることに伴い、脳の力を補う技術が進歩する。コンピュータ技術の更なる進歩・教育技術・医療・バイオテクノロジーの進歩により、国際間の言語の壁・寿命の壁などが乗り越えられる。ネットワークの極度の進歩により個人間の隔たりが煩わしく思えるようになりプライバシーの壁も不要になる。

ビジネス企画を考える際の参考例　ステップ2

ステップ１で自分なりに導き出した大きな時代の流れをふまえ次に具体的かつ身近な社会問題や時代の流れの中で不足しているサービスや商品を考える

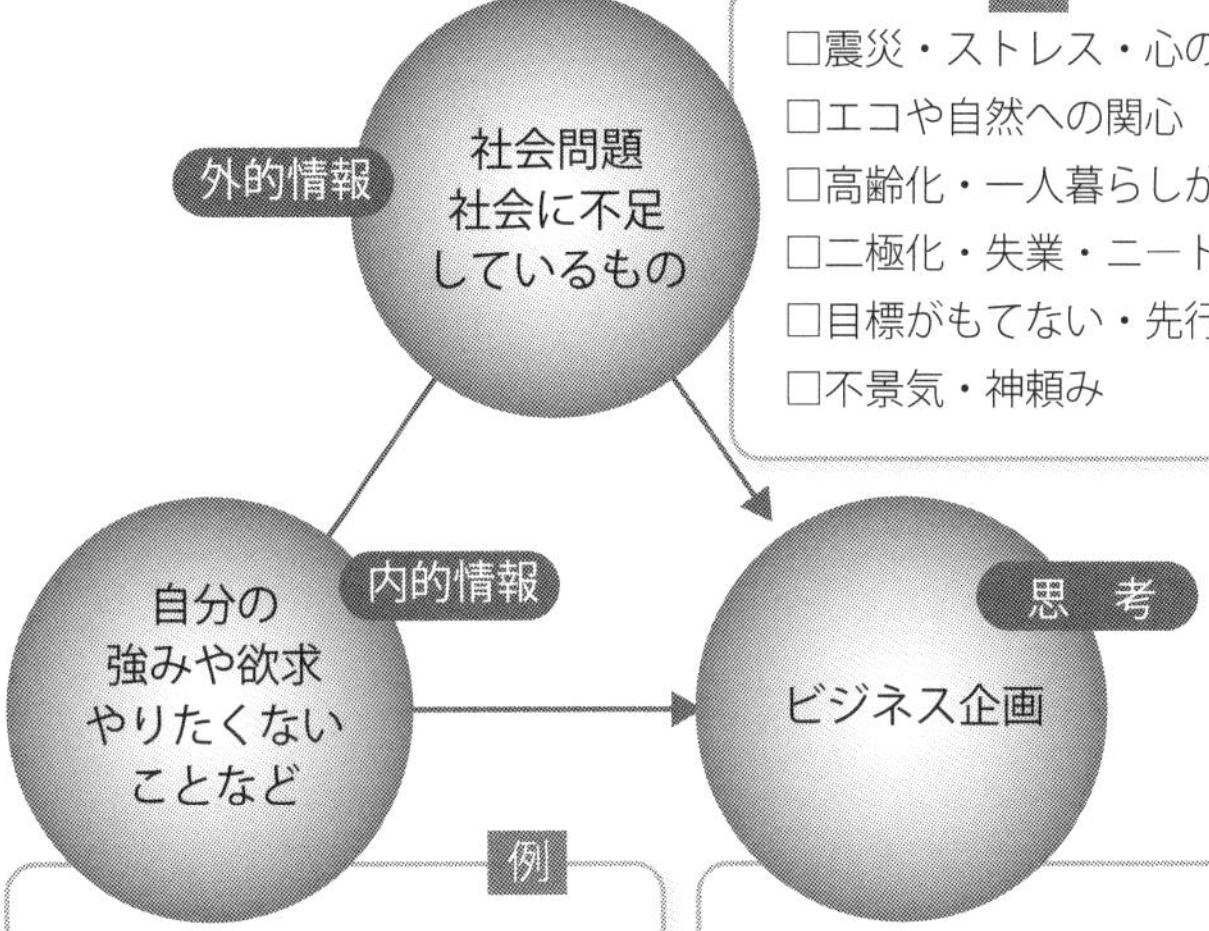

例

□震災・ストレス・心の時代
□エコや自然への関心
□高齢化・一人暮らしが怖い
□二極化・失業・ニート
□目標がもてない・先行不安
□不景気・神頼み

例

□○○の才能がある
□○○がしたい
□○○の力が借りられる
□○○のルートを知っている
□○○というプロフィールが使える
□△△はやりたくない
□△△するのはイヤだ
□△△は苦手
□△△はセンスがない
□△△なんてまっぴらごめん

・「ステップ３」に進み、手がけるビジネスの候補を複数ピックアップする。
・その際「メガサンプル発想法」「チェックリスト発想法」「マインドマップ発想法」など、自身に役立つと思える発想法を総動員させる。
・思いつかない場合は、ステップ３を「間を置いて」くりかえす。

ビジネス企画を考える際の参考例　ステップ3

基本チェックリスト

□いつ　どこで　だれが　だれと　何を　どのように　なぜ
□加える　減らす　絡める　分ける　連ねる　跳ねる　□類語　反対語
□視覚　聴覚　嗅覚　味覚　触覚　色　形　大きさ．重さ　デザイン
□点　線　面　立体　□固体　液体　気体　軟体　□中間　上位　下位
□縦　横　上下　斜め　□直線　カーブ　らせん　円　□丸　三角　四角

ステップ2で書き出した「世の中で求められているもの」と「自分の性質」をふまえ「自身で制作したオリジナルのチェックリスト」を用いながら思いついたキーワードやフレーズを自由に紙に書き出す。その際はできるだけ大きな紙を使い書き出す。

ここでは第1章で取り上げた「大きなものより小さなもの」の視点1つと、著者がステップ2で書き出した「震災・ストレス・エコ・自然への関心…」などの社会問題の中から「心」を取り上げて企画を考えた際の発想例（略図）をご紹介いたします。

課題　大きなものより、小さなもの

心の時代　不安　ストレス　希望　自然

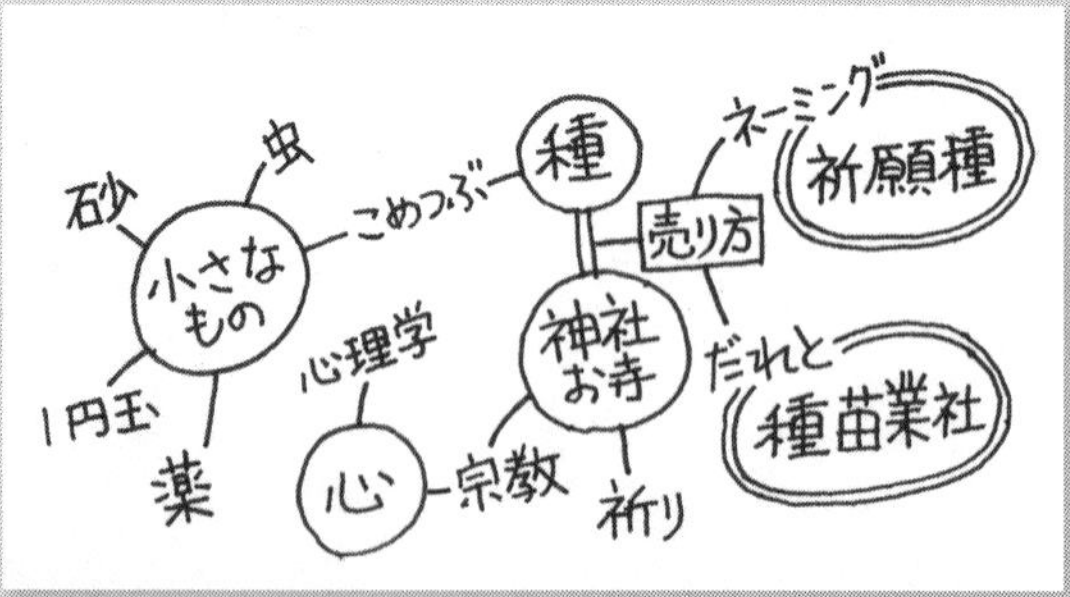

企画案

「祈願種™」というネーミングをつけた縁起ものの種を種苗業界の会社と組んで全国の神社やお寺に卸し、販売する。

本書には、著者のホームページ内の「読者コーナー」から**追加情報**が得られる特典が付いています。

①ビジネスに役立つ重要チェックリスト集
②随時更新される「大人気ビジネス情報源」

まずは「日本アイデア作家協会」のホームページにアクセスしてください。

追加情報提供ページにログインする際のパスワードを下記の乱数表を使い指示いたします。

◎検索キーワード→**日本アイデア作家協会**

http://www.ideasakka.com

	A	B	C	D	E	F
G	1	9	6	7	3	6
H	5	8	3	6	5	8
I	2	1	4	9	8	0
J	4	9	2	3	7	9
K	1	0	3	1	3	6
L	9	4	8	2	5	7

岩波貴士（いわなみ・たかし）

1967年、千葉県生まれ。東洋大学経済学部および中央大学法学部卒業。経営コンサルタント。「日本アイデア作家協会」代表。特許調査事務所、金融・流通業に携わる中で得た、商品開発や資金繰り、マーケティングといった経営全般の知識と経験を武器に独立。現在に至る。

2005年1月よりメールマガジン『儲けの裏知恵365』を配信。

配信スタンド「まぐまぐ」内コンサルティング部門週間読者数ランキング１位の常連。

本書は著者が提唱する「メガサンプル発想法」の理論をビジネス戦略にあてはめて解説した初の書籍である。

著書として『人にはちょっと教えたくない「儲け」のネタ帳』

『人にはぜったい教えたくない「儲け」の裏知恵』

『思わず人に教えたくなる！「問題解決」のネタ帳』

『図解稼ぐ人100人に聞いた「儲け」のネタ帳』

（いずれも青春出版社刊）がある。

日本心理カウンセラー協会正会員。(社)発明学会会員。

■「役立つ情報＆情報源満載」の人気ＨＰはこちらから
「日本アイデア作家協会」⇒ http://www.ideasakka.com/

お金《かね》をかけずにお金《かね》を稼《かせ》ぐ【儲《もう》け】のアイデア発想術《はっそうじゅつ》

2012年4月23日　初版発行

著者　岩波貴士
発行者　常塚嘉明
発行所　株式会社 ぱる出版

〒160-0011　東京都新宿区若葉1-9-16
03(3353)2835―代表　03(3353)2826―FAX
03(3353)3679―編集
振替　東京 00100-3-131586
印刷・製本　中央精版印刷(株)

ISBN978-4-8272-0713-2 C0034